# 纯电动道路运输车辆
# 能源消耗量测量方法

李 枭　高润泽　庞知非　著

人民交通出版社股份有限公司
北　京

## 内 容 提 要

本书主要包含8章，分别为概述、纯电动汽车关键技术及应用现状、纯电动道路运输车辆能源消耗研究现状、纯电动道路运输车辆运行特征分析、纯电动道路运输车辆运行工况研究、纯电动道路运输车辆能源消耗量影响因素及修正系数、纯电动道路运输车辆能源消耗量测试方法研究、总结及展望。

本书可供道路运输行业人员学习参考，也可作为纯电动汽车检测机构岗位培训教材使用。

## 图书在版编目(CIP)数据

纯电动道路运输车辆能源消耗量测量方法/李枭，高润泽，庞知非著.—北京：人民交通出版社股份有限公司，2022.12
ISBN 978-7-114-18086-6

Ⅰ.①纯… Ⅱ.①李… ②高… ③庞… Ⅲ.①新能源—汽车—测量—教材 Ⅳ.①U469.72-62

中国版本图书馆 CIP 数据核字(2022)第 117068 号

Chundiandong Daolu Yunshu Cheliang Nengyuan Xiaohaoliang Celiang Fangfa
书　　名：纯电动道路运输车辆能源消耗量测量方法
著 作 者：李　枭　　高润泽　　庞知非
责任编辑：钱　堃
责任校对：赵媛媛　　魏佳宁
责任印制：张　凯
出版发行：人民交通出版社股份有限公司
地　　址：(100011)北京市朝阳区安定门外外馆斜街3号
网　　址：http://www.ccpcl.com.cn
销售电话：(010)59757973
总 经 销：人民交通出版社股份有限公司发行部
经　　销：各地新华书店
印　　刷：北京虎彩文化传播有限公司
开　　本：787×1092　1/16
印　　张：8
字　　数：201 千
版　　次：2022 年 12 月　第 1 版
印　　次：2022 年 12 月　第 1 次印刷
书　　号：ISBN 978-7-114-18086-6
定　　价：53.00 元

(有印刷、装订质量问题的图书，由本公司负责调换)

# 前言

与传统燃油汽车相比,纯电动汽车以车载电源为动力,以电机为单一驱动源,从电网接收电能,将电流存储到动力蓄电池中,由电机驱动车辆行驶,运行过程中可以做到高能效、低能耗及零排放。发展纯电动汽车既是保证我国车用能源安全的重要战略举措,也是我国汽车工业实现跨越式发展的重大机遇,同时也是未来交通变革和解决城市污染问题的重要途径。

在能源革命和汽车产业革命的大背景下,当前国内外都在加快推进纯电动汽车的发展应用。我国十分重视对新能源汽车产业的扶持引导,2020年10月颁布的《新能源汽车产业发展规划(2021—2035年)》提到,从2021年起,国家生态文明试验区、大气污染防治重点区域的公共领域新增或更新公交、出租、物流配送等车辆中新能源汽车比例不低于80%。2021年全国交通运输工作会议中提到,加快推动交通绿色低碳发展,加强新能源和清洁能源车辆、船舶等推广应用,推动船舶液化天然气(LNG)加注站加快建设运营,深入开展城市绿色货运配送示范工程。截至2019年底,交通运输行业已经推广应用了接近100万辆新能源汽车,约占同期全国新能源汽车保有量的1/4,提前超额实现了"十三五"的规划目标。其中,新能源公交车保有量达41万辆,约占全国公交车总量的60%,新能源出租汽车总量约7.7万辆,新能源城市物流配送车超过43万辆。

由于我国新能源汽车技术发展路线以纯电动汽车为主,随着纯电动汽车产销量和保有量的快速增长,尤其是使用强度大、充电频率高的纯电动道路运输车辆的应用规模日趋扩大,车用电能消耗在我国总体能源消耗中占比也越来越大。目前,我国尚未开展符合当前道路运输车辆实际使用工况的纯电动道路运输车辆能源消耗量测量方法的研究与探讨,虽然颁布了国家标准《电动汽车 能量消耗率和续驶里程 试验方法》(GB 18386—2017),但该方法是在进行续驶里程试验的同时,间接计算出车辆能源消耗量,该能源消耗量为车辆全部耗电过程的平均能源消耗量。一方面,国家标准所定试验工况与营运车辆的实际应用情况相差较大;另一方面,国家标准中的检测需将电量全部耗完,试验时间较长。综合以上方面,当前交通运输企业很难了解纯电动道路运输车辆在实际应用过程中的能耗情况,不仅不利于车辆节能降耗,也在一定程度上影响使用者对车辆实际续驶里程的预估和判断,导致纯电动道路运输车辆实际应用中的"里程焦虑"问题。

在此背景下,本书从交通运输行业使用纯电动道路运输车辆的角度出发,以纯电动汽车的实际应用情况为基础,利用相关纯电动汽车运行监控平台获取大量的车辆运行数据,并运用大数据分析、曲线回归拟合和累积概率密度分析等方法,深入分析纯电动汽车的运行特征、运行工况及能源消耗量影响因素,总结提出了符合道路运输行业纯电动汽车应用现状的测量工况,形成了较为科学完善的纯电动道路运输车辆能源消耗量测量方法,为车辆能源消耗量的测量提供依据,保障纯电动汽车能源消耗量测量的科学性和准确性,引导车辆技术升级,增加纯电动汽车续驶里程,推动纯电动汽车在交通运输行业的科学应用。

本书共分为8章,各章的主要内容概括如下。

第1章:主要介绍了我国发展纯电动汽车的重要意义、纯电动汽车的发展历程及主要的技术特点。

第2章:围绕电动汽车关键技术及应用现状,介绍了纯电动汽车的工作原理及关键装置、纯电动汽车技术发展趋势、纯电动汽车关键技术、纯电动道路运输车辆应用现状。

第3章:围绕纯电动道路运输车辆能源消耗(简称"能耗")研究现状,系统梳理了国内外车辆能源消耗量测量方法的研究现状,分析应用情况并总结存在问题。

第4章:围绕纯电动道路运输车辆运行特征,设计了科学合理的纯电动道路运输车辆运行特征的研究方法,包括试验设计、运行数据采集参数设置、数据预处理和特征参数提取;介绍了车辆运行数据的采集方法,并针对新能源公交车、物流车开展了运行特征分析,同时对特征进行了分析总结。

第5章:围绕纯电动道路运输车辆运行工况,确定了运行工况的类型,并针对纯电动公交车和纯电动物流车的速度参数、加速度参数和行驶状态占比进行分析,构建了较为科学的测试工况。

第6章:围绕纯电动道路运输车辆能耗影响因素及修正系数,从理论上分析了纯电动道路运输车辆能耗的影响因素。并通过大数据分析,阐述了车辆速度-能耗和温度-能耗的分布情况,并进一步统计计算形成了各区间的修正系数。

第7章:围绕纯电动道路运输车辆能耗测试方法,介绍了当前常用的车辆燃料消耗量测试方法的分类,并给出了测试方法的确定方法。构建了包含各行驶状态试验方法确定、试验方法完善及综合能源消耗量计算方法的科学性、可操作性强的能耗测试方法。

第8章:对全书的研究工作进行了总结和展望,梳理了本书创新点。

受编者水平所限，书中所涉及的相关信息、数据和内容可能有疏漏之处，敬请各位读者批评指正。本书的编写团队也将继续跟踪新能源汽车技术发展趋势和新能源汽车在交通运输行业推广应用情况，不断更新完善相关信息，持续为交通运输行业的绿色低碳发展服务。

作 者
2022 年 3 月

# 目录

第1章　概述 ·················································································· 1
　　1.1　发展纯电动汽车的意义 ······················································· 1
　　1.2　纯电动汽车的发展历程 ······················································· 4
　　1.3　纯电动汽车的技术特点 ······················································· 8
　　1.4　本章小结 ········································································· 10
第2章　纯电动汽车关键技术及应用现状 ············································· 11
　　2.1　纯电动汽车的工作原理及关键装置 ······································· 11
　　2.2　纯电动汽车技术发展趋势 ··················································· 13
　　2.3　纯电动汽车关键技术 ························································· 17
　　2.4　纯电动道路运输车辆应用现状 ············································· 28
　　2.5　本章小结 ········································································· 33
第3章　纯电动道路运输车辆能源消耗研究现状 ···································· 35
　　3.1　国外车辆能源消耗量测量方法研究现状 ································· 35
　　3.2　我国车辆能源消耗量测量方法研究现状 ································· 46
　　3.3　本章小结 ········································································· 54
第4章　纯电动道路运输车辆运行特征分析 ········································· 55
　　4.1　纯电动道路运输车辆运行特征研究方法 ································· 55
　　4.2　纯电动道路运输车辆运行数据采集 ······································· 63
　　4.3　纯电动道路运输车辆运行特征 ············································· 66
　　4.4　本章小结 ········································································· 70
第5章　纯电动道路运输车辆运行工况研究 ········································· 71
　　5.1　运行工况的类型 ······························································· 71
　　5.2　纯电动公交车测试工况的构建 ············································· 72
　　5.3　纯电动物流车测试工况的构建 ············································· 81
　　5.4　本章小结 ········································································· 88

# 第6章 纯电动道路运输车辆能源消耗量影响因素及修正系数 ·············· 89
## 6.1 纯电动道路运输车辆能源消耗量影响因素分析 ·············· 89
## 6.2 纯电动道路运输车辆能源消耗量的速度修正系数 ·············· 90
## 6.3 纯电动道路运输车辆能源消耗量的温度修正系数 ·············· 95
## 6.4 本章小结 ·············· 100

# 第7章 纯电动道路运输车辆能源消耗量测试方法研究 ·············· 101
## 7.1 汽车燃料消耗量测试方法分类 ·············· 101
## 7.2 纯电动道路运输车辆能源消耗量测试方法的确定 ·············· 106
## 7.3 本章小结 ·············· 113

# 第8章 总结及展望 ·············· 115
## 8.1 开展的主要工作 ·············· 115
## 8.2 主要创新点 ·············· 116

# 参考文献 ·············· 117

# 第1章 概　　述

随着全球能源日趋紧张,生态环境日益恶化,新能源汽车的开发与应用问题已成为各国汽车工业积极探索的焦点。全球汽车产业格局正面临着"百年未有之大变局"。自 1885 年卡尔·本茨发明第一台现代汽车以来,汽车产业从未如当前一样成为如此多技术变革的交汇点,涉及能源、交通、通信、计算机等诸多行业。汽车电动化、智能化、网联化、共享化的浪潮开启,推动着汽车的生产制造和科学使用在近年来产生着巨大变革。

在汽车"新四化"的浪潮之中,新能源汽车尤其是纯电动汽车成为业界关注的焦点。纯电动汽车因其低噪声、低能耗、高能效、运行过程零排放等优势,成为未来汽车重要的发展方向之一。面临环境及资源的双重压力,在交通运输行业发展应用纯电动汽车,可以有效实现节能环保,是低碳经济发展模式中的重要组成,也是交通运输行业绿色低碳发展的重要措施和途径。

## 1.1　发展纯电动汽车的意义

1)推进车用能源多元化,保障能源安全

汽车的发展伴随着大量的化石能源消耗。汽车保有量的增加和人们出行需求的提高,导致化石能源在交通领域的消费逐年递增。2021 年 4 月,中国石油集团经济技术研究院(ETRI)发布了《2020 年度国内外油气行业发展报告》,提出在疫情冲击之下,世界石油市场遭遇重创,创下多个令人记忆深刻的"历史之最"或历史新低,国际油价有史以来首次出现负油价。但在此世界石油消费大幅下降的背景下,我国石油表观消费量仍然快速增长,达到了 7.02 亿 t。2015—2020 年我国石油表观消费量如图 1-1 所示。

在我国石油表观消费量快速增长的同时,我国石油的对外依存度也持续提高,2020 年已经攀升到 73%。2015—2020 年我国石油对外依存度变化如图 1-2 所示。

为保障我国车用能源安全,有必要通过大力发展纯电动汽车,达到优化车用能源结构、提高车用能源多元化水平。

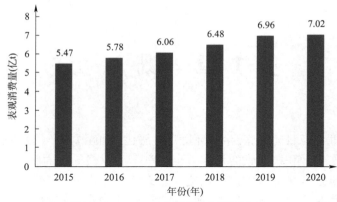

图 1-1 2015—2020 我国石油表观消费量

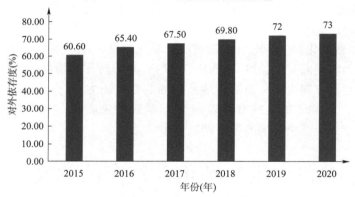

图 1-2 2015—2020 我国石油对外依存度

2)有效降低车辆排放,推动行业绿色发展

根据我国生态环境部发布的《中国移动源环境管理年报(2021)》中数据可知,2020 年全国机动车四项污染物排放总量为 1593.0 万 t。其中,一氧化碳(CO)、碳氢化合物($HC_x$)、氮氧化物($NO_x$)、颗粒物(PM)排放量分别为 769.7 万 t、190.2 万 t、626.3 万 t、6.8 万 t。汽车是机动车污染物排放总量的主要贡献者,其排放的一氧化碳(CO)、碳氢化合物($HC_x$)、氮氧化物($NO_x$)、颗粒物(PM)超过机动车排放总量的 90%。2021 年各类型汽车四项污染物排放量分担率如图 1-3 所示。

传统燃油车辆的尾气排放不仅对城市的环境以及人类的身体健康造成了严重影响,更是阻碍了我国交通运输行业的绿色可持续发展。在这样的时代背景下,纯电动汽车已成为传统燃油汽车转型的新方向,利用纯电动汽车运行过程中零排放的优势,可有效降低车辆污染物排放;同时配以风、光等可再生能源发电,采用"绿电"为纯电动汽车充电,可以做到全生命周期的绿色发展。

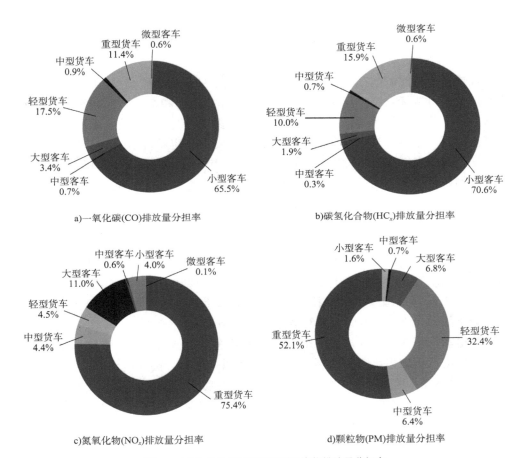

图 1-3　2021 年各类型汽车四项污染物排放量分担率

3) 推动行业变革,引领汽车工业发展

纯电动汽车是未来汽车发展的重要方向之一,是新能源汽车的重要组成部分,也是汽车发展"新四化"的重要方向及最终载体。纯电动汽车的发展和应用将催生汽车动力技术的一场革命,带动汽车产业转型升级,建立新型的国民经济战略产业,是我国汽车工业发展的必由之路。我国政府在推广新能源汽车方面给予了高度的重视,将新能源汽车产业纳入我国七大战略性新兴产业之一,其战略地位在"十三五"规划中进一步明晰。"十三五"规划中也明确提出要加强新能源汽车的推广,鼓励公交和出租汽车企业使用新能源汽车,完善基础设施建设。为给国内的新能源汽车打造一个良好的发展及消费环境,我国政府实施了各种财政补贴、税收优惠等措施,鼓励汽车生产企业发展新能源汽车,刺激市场消费。

# 1.2 纯电动汽车的发展历程

加快推进新能源汽车产业化,不仅有利于技术进步和节能减排,还能促进我国汽车产业的可持续发展。我国纯电动汽车产业是在政府和企业的共同努力下蓬勃发展的。产业发展初期,由政府主要引导,积极参与并鼓励支持纯电动汽车的研发及试点应用。随着纯电动汽车研发技术的逐渐成熟和应用规模的日趋扩大,纯电动汽车产业的发展慢慢由"政府主导"过渡到了"市场主体"阶段,纯电动汽车生产企业开始发挥主观能动性,进行自主研发,达到批量生产并成功推向市场的模式。纵观新能源汽车产业的发展历程,大致分为以下几个阶段。

1)探索研究阶段(2001年以前)

早在20世纪50年代,我国就开始尝试自主研发电动汽车。20世纪70年代,由中国科学院上海硅酸盐研究所牵头、湖南大学等单位参加,成功研制出钠-硫电池驱动的电动汽车并进行了上千公里的试车运行。1996年,科技部将电动汽车列为"九五"及跨世纪国家重大科技产业工程,对电动汽车整车和电机及控制系统、高性能车用动力蓄电池及管理系统等进行了研制开发,不断开发出一些高技术、高标准的电动汽车。同年6月在广东汕头南澳岛建立了国家电动汽车试验示范区,并组建电动汽车出租车队、专线公共交通车队投入运营。随着电动汽车产品的发展,国家质量技术监督局于1997年批准成立了电动汽车标准分委会,1998年制订了《电动汽车标准化体系》。1999年,国务院13个部委联合成立了"全国清洁汽车行动协调领导小组及办公室",组织完成了一批重要的清洁汽车标准、检测技术、政策研究等基础工作,推动了新能源汽车的技术攻关。2001年开始,我国正式将中国国家高技术研究发展计划("863计划")列入重大专项,建立了"三纵三横"研发布局:以燃料电池电动汽车、混合动力电动汽车、纯电动汽车三种整车研究为"三纵",以贯穿以上三个车型的多能源动力总成控制、电机驱动系统、电池及其管理系统的研究为"三横",按照汽车产品开发规律,全面构筑我国电动汽车自主开发技术平台。

2)示范导入阶段(2002—2009年)

该阶段经过重大专项研究,基本实现了纯电动汽车的小批量生产,开发的产品通过了国家汽车产品型式认证,广泛开展了纯电动汽车在特定区域的商业化运作;完成了混合动力电动汽车产业化生产的技术准备工作;建立了燃料电池电动汽车产品技术开发平台和演示验证试验平台;建设了电动汽车整车及关键零部件检测基地。

我国2004年颁布的《汽车产业发展政策》中明确提出了鼓励发展节能环保型电动汽车与混合动力电动汽车技术。2005年5月,国家发展改革委将电动大客车列入《车辆生产企业及产品公告》,同年5月23日,国家质量监督检验检疫总局、国家标准化管理委员会批准发布了我国第一批共六项混合动力电动汽车国家标准。

2007年,两部规范和鼓励新能源汽车产业发展的政策——《新能源汽车生产准入管理规则》及《国家产业结构调整指导目录(2007年本)》出台,混合动力电动汽车、纯电动汽车、燃料电池电动汽车等新能源汽车整车,以及燃料电池及电催化器、电极、复合膜和双极板等电池关键材料、质子交换膜等关键零部件的开发及制造,都已列入了国家鼓励范围,享受鼓励政策支持。这一阶段,我国逐步加大力度,不仅在新能源汽车的准入和研发方面给予大力支持,同时在示范推广、财政补贴标准制定方面给予了更高的关注。

2008年北京奥运会期间,我国政府大力推广新能源汽车,专项推出了满足奥运场馆运输需求的电动汽车示范车队。

2009年1月,财政部和科技部联合印发了《节能与新能源汽车示范推广财政补助资金管理暂行办法》。该补贴办法中明确中央财政重点对试点城市购置混合动力、纯电动和燃料电池电动汽车等节能与新能源汽车给予一次性定额补助。

2009年3月20日,国务院办公厅出台《汽车产业调整和振兴规划》(简称《规划》),提出实施新能源汽车战略:到2011年我国纯电动、充电式混合动力和普通型混合动力等新能源汽车产能达50万辆;新能源汽车销量占乘用车销售总量的5%;推动新能源及关键零部件产业化,形成10亿A·h动力电池产能;主要乘用车生产企业应具有通过认证的新能源汽车产品。《规划》还要求建立新能源汽车大规模示范试点,从城市公交、环卫邮政、城市出租等开始,逐渐过渡到商业和私人用车。为配合《规划》实施,我国科技部和财政部联合开启了具有里程碑意义的"十城千辆"计划,即每年在大约10个城市,每个城市推广应用约1000辆新能源汽车。

2009年7月,由中国汽车工业协会牵头组成的电动汽车产业联盟,囊括了我国10家汽车领军生产企业,集结现有国内电动汽车的先进技术,发展优势项,弥补弱势项,推进新能源汽车相关标准的制定,签署了《电动汽车发展共同行动纲要》。2009年12月3日,全国汽车标准化技术委员会电动车辆分会在北京召开工作会议,对《纯电动乘用车技术条件》《电动汽车用动力蓄电池规格尺寸》等七项新能源汽车国家标准和行业标准进行了审查。

2009年作为新能源汽车产业发展的破局之年,为新能源汽车产业在"十一五"期间的发展起到了极大的推动作用,新能源汽车产业在这一阶段逐步迈上兴盛之路。

3）产品完善阶段(2010—2013年)

进入"十二五"时期，新能源汽车产业的发展在经历探索研究和示范导入阶段后，逐步进入了产品完善阶段，为后期市场的蓬勃发展打下了坚实的基础。《国家"十二五"科学和技术发展规划》以"十二五"规划纲要中有关新能源汽车产业的发展规划为背景，进一步提出要全面实施"纯电驱动"技术转型战略，实施新能源汽车科技产业化工程。《"十二五"产业技术创新规划》中则对节能与新能源汽车技术开发提出了更高的要求。2010 年底，新能源汽车产业被国务院确定为中国七大战略重点新型产业之一，2012 年通过的《节能与新能源汽车产业发展规划(2012—2020 年)》中有关新能源汽车产业的发展规划更为具体，提出实现关键技术接轨国际先进水平的目标。一系列规划纲要的颁布实施，为新能源汽车产业的发展进一步提供了政策保障。

"十二五"初期，节能与新能源汽车示范推广工作初显成效，同时相应的税费减免和补贴政策也为新能源汽车产业创造了良好的发展环境。2011 年 2 月 25 日，第十一届全国人民代表大会常务委员会第十九次会议通过了《中华人民共和国车船税法》，规定"对节约能源、使用新能源的车船可以减征或者免征车船税"。2011 年 9 月 7 日，财政部、国家发展改革委、工业和信息化部联合印发了《关于调整节能汽车推广补贴政策的通知》。

为了引导示范工作健康发展，2011 年 8 月 17 日，科技部、财政部、工业和信息化部、国家发展改革委向示范推广试点城市发出《关于加强节能与新能源汽车示范推广安全管理工作的函》，要求其加强对节能与新能源汽车示范推广安全管理的工作。2011 年 10 月 14 日，上述四部委联合下发了《关于进一步做好节能与新能源汽车示范推广试点工作的通知》，对试点城市、生产企业提出相关要求，并部署试点工作的中期评估与考核的有关事项，保障试点城市示范推广工作健康有序进行。

截至 2012 年底，我国首期节能与新能源汽车示范工作告一段落。2012 年 12 月，财政部、科技部、工业和信息化部等四部委组织专家对 25 个开展公共领域节能与新能源汽车示范工作的城市(其中包含 6 个开展私人购买新能源汽车试点城市)进行了验收。经过核实，截至 2012 年 12 月底，25 个示范城市共推广各类示范车辆 27432 辆(仅包括符合示范推荐目录且正在运行中的财政补贴车辆)，其中公共服务领域各类车辆共 23032 辆，私人购买新能源汽车 4400 辆。按车辆种类统计，混合动力客车 12156 辆，混合动力乘用车 3703 辆，纯电动客车(含插电式混合动力) 2526 辆，纯电动乘用车(含插电式混合动力) 6853 辆，其他车辆 2194 辆。

2013 年 9 月，财政部等四部委联合发布了《关于继续开展新能源汽车推广应用工作的通知》(财建〔2013〕551 号)，提出在"十城千辆节能与新能源汽车示范推广应用工程"之后,2013—2015 年继续开展"新能源汽车推广应用"工作,随后同意北京、天津等 28 个城市或区域成为首批新能源汽车推广应用城市或区域,支持沈阳、长春等 12 个城市或区域成为第二批新能源汽车推广应用城市或区域。新能源汽车的推广应用迎来新的契机。

4)市场兴起阶段(2014—2017 年)

该阶段由"雾霾"引发的环境污染问题和由全球气候变暖引发的碳排放超标问题受到人们的广泛关注。新能源汽车除了肩负振兴国家汽车产业、保障国家能源安全两个使命之外,因其运行过程"零排放"的优势,成为降低车辆排放、减少环境污染和碳排放的重要措施和手段。各城市也开始将新能源汽车的推广应用列为重点工作,相继推出了新能源汽车不限号、不限行、给予优先路权等一系列鼓励政策措施,有效地推动了新能源汽车的应用。同时,为保障新能源汽车的应用便利性,许多城市加大充电基础设施的建设力度,还有部分城市推出了新能源汽车的共享、租赁等推广应用新模式。

2014 年,国务院发布了《关于加快新能源汽车推广应用的指导意见》(以下简称《意见》),明确要以纯电驱动为新能源汽车发展的主要战略方向,重点发展纯电动汽车、插电式混合动力汽车和燃料电池电动汽车,以市场主导和政府扶持相结合,建立长期稳定的新能源汽车发展政策体系,创造良好发展环境,加快培育市场,促进新能源汽车产业健康发展。要坚持创新驱动,产学研用结合;坚持政府引导,市场竞争拉动;坚持双管齐下,公共服务带动;坚持因地制宜,明确责任主体,确保完成各项目标任务。

《意见》对加快新能源汽车推广应用提出 6 个方面 25 条具体政策措施,包括加快充电设施建设、积极引导企业创新商业模式、推动公共服务领域率先推广应用、进一步完善政策体系、破除地方保护、加强技术创新和产品质量监管等主要内容。

此后,新能源汽车发展正式进入"快车道",由 88 个试点城市扩展到全国。这标志着历史性的"十城千辆"时代结束,新能源汽车开始在全国范围内蓬勃发展,进入了新的时期。

2015 年 5 月,国务院印发了《中国制造 2025》,提出了"建立从关键零部件到整车的完整工业体系和创新体系,推动自主品牌新能源汽车同国际先进水平接轨"的战略目标,这标志着我国新能源汽车的发展从"量"的增加开始向"质"的提高转变。

2017 年我国出台了《汽车产业中长期规划》,引导汽车产业逐步向新能源化过渡。该规划提出到 2025 年,新能源汽车产量占到新车产量的 20% 以上。这说明

2025年我国的新能源汽车新车销售数量可能达到700万辆,这一数量甚至会超过2010—2019年全球新能源汽车销量总和。

5)市场成熟阶段(2018年至今)

2018年开始,我国新能源汽车销量突破100万辆大关,占当年全球新能源汽车销量的50%以上。2018年,我国的新能源汽车正式进入"后补贴"时代,国家对新能源汽车研发相关的科研经费投入进一步减少,同时,自2015年开始达成共识的新能源汽车补贴退坡政策也在2018年开始提速,补贴门槛提高,补贴幅度减少。这些政策和措施都表明,国家认为新能源汽车已经进入市场成熟阶段,政府的激励引导可以逐渐退出,可以靠"市场的手"推动产业的良性发展。同时,"双积分"要求的提出也使得汽车生产企业要继续保持新能源汽车产销量持续增长,这也表明了国家对市场的高度乐观。新能源汽车市场也用一路的"高歌猛进"进行回应。截至2020年底,新能源汽车产销量持续保持高速增长态势。相信我国未来的新能源汽车产业将会继续高速发展,引领汽车产业和交通运输行业绿色低碳发展。

## 1.3 纯电动汽车的技术特点

纯电动汽车通过车载动力蓄电池提供能源,利用电机驱动车辆行驶,与传统燃油车辆在燃料类型、车辆结构等方面存在较大的不同,具有独特的技术特点。

1)优势

相比传统燃油车,纯电动汽车具有如下技术优势:

(1)低碳环保。

纯电动汽车运行过程中单纯以电能驱动行驶,无传统燃油车辆汽缸内燃烧产生的废气,不产生尾气排放,可以做到运行过程"零污染"。同时,由于电力为脱碳能源,车辆在运行过程中不产生$CO_2$排放,可以做到"零排放",是真正的低碳环保车辆。

(2)低噪舒适。

纯电动汽车靠电力驱动,行驶时无传统燃油车辆的发动机噪声,电机噪声也较小,驾驶低噪舒适。

(3)节能经济。

纯电动汽车能量转化效率相比传统燃油车更高,且电力成本较为低廉,百公里能耗成本约为汽油车的1/5。同时,纯电动汽车在行驶时可以回收制动、下坡时产生的能量,进一步提高能量的利用效率。在夜间充电时,还可以利用电网的"波谷"电价,起到平抑电网峰谷差的作用。

(4) 能源多样。

电力属于二次能源,当前我国电网电力主要来源于煤炭、天然气、水力、核能、太阳能、风能、潮汐能等。在我国资源储备"贫油少气"的背景下,纯电动汽车能够有效降低车辆对不可再生的化石能源的依赖,保障我国的车用能源安全。

(5) 维修保养方便。

纯电动汽车整车结构简单,运转、传动部件较少,在维修保养方面,可以避免传统燃油车更换机油、皮带等较为琐碎的项目,只需定期检查电机、电池等组件即可,操作方便,且成本较低。

2) 劣势

虽然纯电动汽车相比传统燃油车具有一定的技术优势,但由于整车、电池技术目前仍处于起步阶段,技术发展不成熟,纯电动汽车仍然具有部分技术劣势及难题。

(1) 续驶里程短。

纯电动汽车的续驶里程主要取决于整车带电量和车辆的百公里耗电量。受限于当前磷酸铁锂电池和三元锂电池的能量密度,整车动力蓄电池组的存储能力仍然较小,一次充电后的续驶里程仍难以完全满足需求。

(2) 充电时间长。

与传统燃油车较短的燃油加注时间相比,纯电动汽车的充电时间仍然较长,在保障安全前提下,目前纯电动汽车采用慢充充电需要 8~10h,采用快充充电,也仍需要 1~2h。

(3) 配套充电基础设施不完善。

由于我国当前纯电动汽车的规模化应用仍处于起步阶段,充电桩、充电站等充电基础设施建设仍不完善,纯电动汽车的长距离出行仍然有较为严重的限制。

(4) 能源消耗量测量方法不健全。

纯电动汽车是区别于传统汽车的一种全新的事物。然而,每一个新兴产业的发展,都必然经历研究和探索的起步阶段,我国新能源汽车的发展仍旧面临着诸多难题,这些问题严重制约了纯电动汽车的发展,影响着纯电动汽车的普及。这其中最为明显的,就是由于纯电动汽车的能源消耗量测量方法仍不健全,导致用户无法清晰了解纯电动汽车在实际使用过程中的能耗情况,使得交通运输行业在应用纯电动汽车时普遍存在着"里程焦虑"的问题。

本书第 2 章至第 7 章围绕纯电动道路运输车辆能源消耗量测量方法开展研究,旨在通过对纯电动道路运输车辆实际运行数据的分析,以 kW·h/100km 为评价指标，分析总结该评价指标的关键影响因素，统计分析纯电动道路运输车辆实际运行情况，提出科学完善、符合性好的测量工况。通过综合分析试验条件、试验工况、权重系数、风阻系数等影响因素，形成科学、便捷并符合车辆运营工况的纯电动道路运输车辆能源消耗量测量方法，该方法可在较短时间内准确计算车辆能量消耗情况。

## 1.4 本章小结

本章主要围绕新能源汽车和纯电动汽车发展的基本情况，概述了我国发展纯电动汽车的重要意义，梳理了新能源汽车产业发展经历的探索研究、示范导入、产品完善、市场兴起和市场成熟 5 个阶段，并对每个阶段的重要政策和新能源汽车发展情况进行了简要分析论述；结合纯电动汽车和传统燃油车在燃料类型、车辆结构等方面的不同，系统分析总结了纯电动汽车相比传统燃油车的技术优势、技术劣势。

# 第 2 章  纯电动汽车关键技术及应用现状

## 2.1  纯电动汽车的工作原理及关键装置

### 2.1.1  纯电动汽车的工作原理

纯电动汽车(Battery Electric Vehicles,BEV),是驱动能量完全由电能提供的、由电机驱动的汽车。纯电动汽车工作原理如图 2-1 所示。

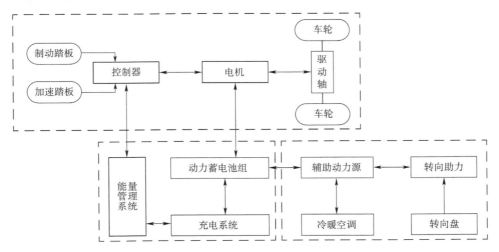

图 2-1  纯电动汽车工作原理图

纯电动汽车的结构布置可分为电机中央驱动和电动轮驱动两种形式。电机中央驱动形式借用了内燃机汽车的前置前驱方案,由驱动电机、离合器、变速器和差速器组成,用一台驱动电机驱动左右两侧的车轮,用电驱动装置替代了内燃机,通过离合器将电机动力与驱动轮进行连接或动力切断,变速器提供不同的传动比以变更转速—功率曲线匹配的需要,差速器实现转弯时两车轮不同车速的行驶。双电机电动轮驱动方式,机械差速器被两个牵引电机所代替,两个电机分别驱动各自车轮,转弯时通过电子差速控制以不同车速行驶,省掉了机械差速器。电动轮驱动形式的机械传动装置的体积与质量较电机中央驱动形式大幅度减小,效率显著提高,但是增加了控制系统的复杂程度与成本。

## 2.1.2 纯电动汽车的关键装置

纯电动汽车的关键技术主要包括电池技术、电机驱动及其控制技术、电动汽车整车技术以及能量管理技术。对应的纯电动汽车关键装置为动力蓄电池组、电机与驱动系统、能量管理系统等。

1) 动力蓄电池组

动力蓄电池是电动汽车的动力来源,也是一直制约电动汽车发展的关键因素。电动汽车用动力蓄电池动力的主要性能指标是比能量($E$)、能量密度($Ed$)、比功率($P$)、循环寿命($L$)和成本($C$)等。动力蓄电池组是纯电动汽车上制造成本最高的装置,其性能直接影响车辆的动力性、经济性和续驶里程。动力蓄电池组在纯电动汽车的充电及运行过程中会产生较大的发热量,温度的升高将在一定程度上影响电化学系统的运行、循环寿命等,因此,应将动力蓄电池的温度控制在一定范围内,降低动力蓄电池热失控的风险。

2) 电机与驱动系统

电机与驱动系统是电动汽车的关键部件,要使电动汽车有良好的使用性能,驱动电机应具有调速范围宽、转速高、起动转矩大、体积小、质量小、效率高且有动态制动强和能量回馈等特性。目前,电动汽车用电机主要有直流电机(DCM)、感应电机(IM)、永磁无刷电机(PMBLM)和开关磁阻电机(SRM)四类。由于电机可以在相当宽广的速度范围内高效产生转矩,这也就意味着电动汽车甚至只需单级减速齿轮就可以驱动车辆。与传统燃油车的发动机相比,电机具有两大技术优势:一是发动机的经济转速被限制在一个较窄的范围内,因此,需要变速器适应这一特性,而电机则不需要再配备变速器;二是由于高度电气化的控制系统引入,电机实现动力输出的快速响应能力远高于发动机。

3) 能量管理系统

能量管理系统是电动汽车的智能核心,它的作用是检测单个电池或电池组的荷电状态,并根据各种传感信息,包括力、加减速命令、行驶路况、蓄电池工况、环境温度等,合理地调配和使用有限的车载能量;它还能够根据电池组的使用情况和充放电历史选择最佳充电方式,以尽可能延长电池的寿命。在电动汽车上实现能量管理的难点在于如何根据所采集每块电池的电压、温度和充放电电流历史数据,来建立一个确定每块电池还剩余多少能量的较精确的数学模型。

## 2.2 纯电动汽车技术发展趋势

### 2.2.1 国外纯电动汽车技术发展趋势

发展纯电动汽车既是实现汽车能源多元化的有效措施,又能消除汽车排放对环境的污染,日本、美国和德国等国家相继出台了一系列政策来支持纯电动汽车的发展。近年来,伴随着政策的实施,这些国家在技术研发和产品制造生产等方面取得了一定突破。各国在纯电动汽车领域的技术研究动态及特征见表2-1。

日本、美国和德国在纯电动汽车领域的技术研究动态及特征　　　表2-1

| 国家 | 技术研究动态 | 技术特征 |
| --- | --- | --- |
| 日本 | 2018年,松下公司发布并开始量产21700型三元锂离子动力蓄电池,较18650型三元锂离子电池容量增大35%,能量密度为300Wh/kg;2021年,松下公司发布特斯拉4680型动力蓄电池的原型电池,并提供了量产方案 | 21700型三元锂离子电池及4680型三元锂子电池都具有大容量、高能量密度的技术特征。与此同时,随着电池容量的增大以及制造水平的提升,动力蓄电池的成本也将进一步下降 |
| 美国 | 2020年,发布特斯拉4680型动力蓄电池设计方案,电池单体容量是21700型三元锂离子电池的5倍以上,电池内阻为21700型三元锂离子电池的1/10,可将整车续驶里程提高16%,成本下降56%,安全性能也有所提升 | 特斯拉4680型动力蓄电池具有大容量、高能量密度、低内阻、高安全性的技术特征。客观说明美国在动力蓄电池等核心技术的研究和设计方面较为领先 |
| 德国 | 研究设计纯电动汽车的整车平台,如奔驰ePowertrain电驱动平台,车辆搭载两台电机,并配备电动汽车变速器 | 德国延续了其在整车制造方面的优势,针对纯电动汽车进行整车平台设计与优化。德国平台化技术具有高性能、高续驶里程、高充电效率的特点 |

1)日本

日本是较早开始电动汽车研发的国家之一,早在1965年,日本通商产业省(现经济产业省)就启动了电动汽车的研制工作,把电动汽车列入国家科技攻关项目,并于 2010 年颁布了《新一代汽车战略 2010》。

为促进电动汽车核心技术——锂离子蓄电池的研发,日本经济产业省所属的新能源产业技术综合开发机构(NEDO)建立了"All Japan"的政企协作机制,对新一代锂离子蓄电池技术进行合作攻关,并设定目标:以 2006 年的状况为基准,将电池性能在 2015 年提高到 1.5 倍,2020 年提高到 3 倍,2030 年提高到 7 倍;同时,以 2006 年电池成本为基准,将电池成本在 2015 年降低到 2006 年的 1/7,2020 年降低到 2006 年的 1/10,2030 年降低到 2006 年的 1/40。

目前,日本具有代表性的动力蓄电池是松下公司 2018 年开始投产的 21700 型三元锂离子动力蓄电池,相较上一代 18650 型三元锂离子动力蓄电池,其单体电池容量增加 35%,达到 3000~4800mA·h;能量密度达到了 300Wh/kg;价格为 155 美元/Wh(相比 18650 型三元锂离子动力蓄电池的 177 美元/Wh,有明显下降)。2021,松下公司发布了特斯拉 4680 型动力蓄电池的原型电池,并于 2022 年之后量产,这意味着日本在动力蓄电池生产技术方面更进了一步。除此之外,日本还加强了电机、半导体、空气自动调节系统等新一代汽车关键零部件的研发,以及加强双边科研合作,构筑日美、日中、日欧政府间和研发机构间的共同研发体系,参与制定相应的国际标准。

2)美国

美国自 20 世纪 90 年代起就开始扶持电动汽车产业发展,先后经历了克林顿政府的混合动力路线和布什政府的燃料电池路线。奥巴马政府不断加大对电动汽车的扶持力度,2010 年更是将发展电动汽车提升到国家战略层面。考虑到日本混合动力技术已经成熟,美国动力蓄电池技术和产业化水平落后于日韩、燃料电池技术尚不具备产业化条件等现状,奥巴马政府在 2009 年通过《美国复苏与再投资法案》,提出将对纯电动汽车进行补助,并投资 24 亿美元支持企业研发下一代动力蓄电池和纯电动汽车,另外将投资 4 亿美元建设充电设施。2021 年 3 月,拜登政府要求美国国会为电动汽车投资 1740 亿美元,并计划在 2030 年使电动汽车的销售份额达到汽车销量的 40%。

对于动力蓄电池领域,美国同样十分重视。2021 年,由美国能源部、国防部、商务部、国务院联合组建的联邦先进电池联盟发布了《美国锂电池国家蓝图(2021—2030)》,其中提到未来十年美国在动力蓄电池领域的主要目标是:提高美国国内锂离子蓄电池原材料加工能力;刺激美国国内的正负极材料等前驱体、电芯、电池组的生产能力;保持美国在电池技术研发方面的领先优势等。

在动力蓄电池设计方面,美国特斯拉公司比较具有代表性。2020年9月,特斯拉公司发布了4680型动力蓄电池设计方案。该动力蓄电池的单体容量是21700型三元锂离子动力蓄电池的5倍左右,组成电池包后可使整车续驶里程提升16%,并且由于使用了更少的电池单元,成本将下降56%。4680型动力蓄电池的另一大特点就是内阻低,约为21700型三元锂离子动力蓄电池的1/10。更低的内阻有助于提高电能转换为动能的效率,也可以有效避免电池过热的问题,使安全性大幅提升。

3)德国

德国于2009年通过了具有重要战略意义的电动汽车发展纲领性文件《德国联邦政府国家电动汽车发展计划》,确定了电动汽车的发展路线,明确了电动汽车的国家战略性地位,致力于增强德国在电动汽车领域的国际竞争力,推动德国在电动汽车市场中居于领先地位,实现能源与环境政策目标。该文件确定了纯电动汽车的技术路线及政府将支持的科研领域,并提出到2020年和2030年,电动汽车保有量分别达100万辆和500万辆;到2050年,城市交通领域不再使用化石燃料。在市场推广路线方面,德国政府成立了"电动汽车国家平台"。2011年5月,"电动汽车国家平台"正式发布的第二份政策咨询报告将德国电动汽车发展分为三个阶段:2011—2014年为市场准备阶段,重点是研发和开展示范项目;2015—2017年为市场推广阶段,重点是电动汽车及其配套基础设施的市场推广;2018—2020年是规模化市场形成阶段,重点是形成可持续的商业模式。

2021年6月30日,戴姆勒公司发布了首款量产梅赛德斯-奔驰eActros纯电动车型,其最大续驶里程为400km,最大电池容量为420kW·h,同时配装两台电机,最大输出功率可达400kW。作为一款定位为中短途重载运输的车型,该车型基于ePowertrain电驱动平台架构打造,电驱动桥(eAxle)集成两台电机以及一台两挡变速器,分别对应高速与低速行驶模式。同时,eActros的充电功率最高可达160kW,在20℃的环境温度下连接400A直流充电桩时,可以实现电量由20%充至80%用时1h左右。

从日本、美国和德国的电动汽车产业发展来看,他们均将对待传统汽车的一贯态度移植到电动汽车上,更专注于汽车技术在质量上的升级。德国对电动汽车实施补贴的前期,资金主要用于电动汽车核心技术以及电动汽车整车平台的研发,日本和美国则尝试在电动汽车动力蓄电池设计和制造技术上取得突破,这都显示了这些国家对研发探索与技术革新的重视。电动汽车作为产品,提高其核心技术性能,才能掌握未来的发展。

## 2.2.2 我国纯电动汽车技术发展趋势

我国一直高度重视新能源汽车产业发展。2020年,中国汽车工程学会发布了《节能与新能源汽车的技术路线图2.0》,进一步研究确立了全球汽车技术"低碳化、信息化、智能化"的发展方向,同时进一步强调了我国的纯电驱动发展战略,提出了在纯电动汽车领域,以中型及以下车型为主,实现纯电动汽车在家庭用车、公务用车、出租汽车、租赁服务用车以及短途商用车等领域的推广应用。纯电动汽车技术路线图见表2-2。

纯电动汽车技术路线图　　　　　　　　　　　表2-2

| 年份(年) | 2025 | 2030 | 2035 |
| --- | --- | --- | --- |
| 应用领域 | 在中型以下乘用车应用、公务、租赁服务大批量应用,在家用短途代步,出租汽车、网约车、市内物流、公交、环卫中大批量使用 | 在高端商务、专用场地、短途商用车上实现大批量应用 | 在新增乘用车中占据主流,市内公交及物流实现全覆盖,在特种商用车上大批量使用 |
| 关键指标 | 乘用车:技术领先的典型A级纯电动汽车综合工况电耗小于11kW·h/100km(CLTC)<br>公交客车:技术领先的典型纯电动客车(12m)综合工况电耗小于65kW·h/100km(CLTC) | 乘用车:技术领先的典型A级纯电动汽车综合工况电耗小于10.5kW·h/100km(CLTC)<br>公交客车:技术领先的典型纯电动客车(12m)综合工况电耗小于60kW·h/100km(CLTC) | 乘用车:技术领先的典型A级纯电动汽车综合工况电耗小于10kW·h/100km(CLTC)<br>公交客车:技术领先的典型纯电动客车(12m)综合工况电耗小于55kW·h/100km(CLTC) |

2020年,全球锂离子动力蓄电池装机量为137GW·h,我国动力蓄电池企业装机量为63.6GW·h,占比为46.4%。2020年,我国动力蓄电池企业的装机量中,按正极材料类型分类,三元锂离子动力蓄电池装机量为38.9GW·h,占比为61.1%;磷酸铁锂蓄电池装机量为24.4GW·h,占比达到38.3%。我国纯电动货车产品主要配置磷酸铁锂蓄电池,占比超过80%,配置三元锂离子动力蓄电池的纯电动重型货车占比为15%。根据2020年发布的《新能源汽车推广应用推荐车型目录》的统计数据,2020年纯电动货车电池能量密度主要集中在130~145Wh/kg,纯电动货车能耗 $E_{kg}$ 主要集中在0.28~0.29Wh/(km·kg),纯电动

货车续驶里程主要集中在230~330km。2021年,福田公司发布了智蓝换电重型货车,该车型的整备质量为10.9t,采用可换电设计,配置宁德时代公司生产的磷酸铁锂动力蓄电池,蓄电池电量为282kW·h,蓄电池能量密度为160.26Wh/kg,续驶里程为200km,并配备EBS制动解耦及电机能量回收,搭配换电站,可在5min内完成换电。该车型搭载了特百佳的驱动电机,电机额定功率为220kW,峰值功率为360kW,峰值转矩为2100N·m。

2020年,我国动力蓄电池装机量位居全球首位,并呈现持续上涨趋势,以整车安全性为关键指标,在电池、电机、电控等方面寻求全面的技术突破。我国在纯电动汽车领域的特点是动力蓄电池及整车生产技术成熟、产业链完整,具有非常强大的生产制造能力,并且产品类型丰富,产品类型覆盖面广。总体来看,我国在驱动电机系统设计、制造、检测方面取得了长足进步,车用驱动电机技术同国际先进水平整体同步。但是我国对于车用电机实时运行状态、故障测试诊断、振动噪声、电磁兼容等方面缺乏系统的理论支撑,同时,我国软件开发水平参差不齐,研发速度缓慢,影响了我国车用电机产业的发展。

## 2.3 纯电动汽车关键技术

动力蓄电池系统作为电动汽车的核心部件,决定了整车的续驶里程、成本、使用寿命、安全性等关键指标。目前我国大量的基础研究集中在电池新材料和单体蓄电池的改性研究上,这是电动汽车得到突破性进展的基础。然而在电动汽车上应用的不是单体蓄电池,而是由大量单体蓄电池组成模块,再由若干模块组成的电池系统。电动汽车的性能并不是简单的由单体蓄电池决定,而是很大程度上由动力蓄电池组的性能和参数所决定的。因此,纯电动汽车核心技术问题主要集中在动力蓄电池系统技术方面,主要包括动力蓄电池正极材料性能、动力蓄电池充电技术、动力蓄电池能量管理技术、动力蓄电池热管理技术、动力蓄电池一致性评价技术等方面。

### 2.3.1 动力蓄电池正极材料性能

正极材料作为锂离子动力蓄电池的核心材料,对电池性能起着至关重要的作用,动力蓄电池的性能优化往往依托于正极材料的技术突破。目前典型的正极材料的基本性能对比见表2-3。

正极材料性能对比　　　　　　　　　表2-3

| 正极材料 | 锰酸锂 | 磷酸铁锂 | 镍钴锰酸锂三元材料 | 镍钴铝酸锂三元材料 |
|---|---|---|---|---|
| 容量(mA·h/g) | 110 | 160 | 60,可用达200 | 190 |
| 能量密度(Wh/kg) | 120 | 130 | 160 | 160 |
| 循环寿命 | 600~1000 | 1500~2000 | 2000 | 2000 |
| 成本 | 最低 | 高 | 低 | 低 |
| 产品一致性 | 良 | 差 | 优 | 优 |
| 低温性能 | 优 | 差 | 中上 | 中上 |
| 安全性能 | 中 | 优 | 中 | 中 |

1) 锰酸锂

锰酸锂动力蓄电池生产工艺非常成熟,不含碳,性能参数稳定,倍率性能好,成本低,安全性能较好。动力蓄电池生产线与现有生产线基本兼容。锰酸锂动力蓄电池最大的缺点是比能量低,高温循环性能较差。目前日本日产汽车公司,我国中信国安股份有限公司、星恒电源股份有限公司等企业都在研发生产锰酸锂动力蓄电池,其适用于低速电动车以及对续驶里程要求不高的电动车等领域。

2) 磷酸铁锂

磷酸铁锂动力蓄电池由于安全性好、循环寿命长、原材料资源丰富、不造成环境污染而在我国得到了比亚迪股份有限公司等众多企业的青睐。磷酸铁锂动力蓄电池优点有很多,但其低温性能不好,能量密度只有120~150Wh/kg,加工性能也较差。目前,磷酸铁锂动力蓄电池重点配置于电动大客车及乘用车,未来的发展重点在于改善倍率性能、低温性能和加工性能,降低成本。

3) 镍钴锰酸锂三元材料(NCM)

镍钴锰酸锂三元材料具有容量高、循环寿命长、成本较低的优点,但镍钴锰三元材料压实密度低、倍率性能和低温性能比钴酸锂差,未来发展方向是提高低温特性、倍率性、体积比能量,改善安全性。目前生产镍钴锰酸锂动力蓄电池的厂家主要有韩国LG集团、我国微宏动力系统有限公司以及珠海银隆新能源有限公司。

4) 镍钴铝酸锂三元材料(NCA)

镍钴铝酸锂三元材料是目前商业化正极材料中比容量最高的材料,可达190mA·h/g,但是安全性较差、加工性能差、表面pH值高,未来的发展方向在于改善其安全性。目前美国特斯拉公司采用的日本松下18650型动力蓄电池电池就是采用镍钴铝酸锂和硅碳负极组合制成的,容量高达3500mA·h,循环寿命2000次以上,技术处于领先地位。

## 2.3.2 纯电动汽车充电技术

由于动力蓄电池的材料、构造、成分和结构等不同,因此充电要求也有所不同。通常按照充电形式不同,分为传导式充电和无线充电两种,其中传导式充电按照技术路线不同,又可分为交流慢充、交流快充和直流充电(俗称直流快充),各类充电方式的充电性能比较见表2-4。

充 电 方 式 比 较                                          表2-4

| 充电方式 | 传导式充电 | | | 无线充电 |
|---|---|---|---|---|
| | 交流慢充 | 交流快充 | 直流充电 | |
| 充电功率 | 2~21kW (380V/32A) | ≥40kW (380V/63A) | 60~187.5kW | 一般10kW以下 |
| 充电倍率 | 0.1C~0.3C | 0.5C~1C | 0.5C~3C | — |
| 充电效率 | 95%左右 | 95%左右 | 95%左右 | 90%以下 |
| 充电机位置 | 车上 | 车上 | 桩上 | — |
| 适用范围 | 适合夜间补电的车辆、非营运车辆、插电式混合动力电动汽车 | 物流、出租、公交车辆 | 城市公共充电、高速公路服务区充电 | 适用范围广,可应用于车辆行驶中充电 |
| 价格 | 低 | 较低 | 高 | 高 |

1)交流慢充

交流慢充利用车载充电机将单相或三相交流电进行整流、滤波、功率因数校正后,转变为合适电压的直流电,进而对动力蓄电池进行充电;充电功率为2~21kW(380V/32A),大多数为6.6kW。由于其控制简单、安全、兼容性好、成本低,已经被车载充电器、随车充电桩和公共慢充桩普遍使用。由于采用较小电流的恒压或恒流充电,交流慢充一般充电时间为5~8h,因此,该方式一般适用于车辆停运时间长(多为夜间)时的充电,适用于非运营、设计续驶里程较长的纯电动汽车以及插电式混合动力电动汽车。

2)交流快充

交流快充同交流慢充一样,利用车载充电机为电动汽车动力蓄电池组补充能量,充电功率≥40kW(380V/63A),其特点是可复用电机驱动器、成本较低、充电速度趋于中等、兼容性好,充电时间为1~2h,除了可以为乘用车、物流车充电外,还可以为公交车、出租汽车进行中速补电。

3）直流充电

直流充电是指通过地面充电装置（直流充电桩）将电网交流电转化为直流电，通过充电连接装置直接对电动汽车动力蓄电池进行充电的方式。为实现较大充电电流，通常都是通过提高充电电压差来实现的。在快速充电过程中，电池和充电机的压差增大，电流加大，同时造成电池的充电热量增加。充电功率一般为60kW~187.5kW。直流充电速度较快，兼容性好，国内企业可达到2C~3C充电。

直流充电倍率的逐步提升，对于充电时间的影响越来越小。1C~2C，充电时间减少了30min，2C~3C，充电时间仅仅减少10min，但对电池的要求会更加严苛，不仅要选用具有快充能力的电芯，还需要高效的热管理来控制温升，以及更加可靠的操作安全防护。因此，对于营运企业而言，相比于更高的充电倍率，选择符合自身实际需求充电倍率的电池更为重要。

目前直流大功率快充正在进行关键技术研究，还未得到大规模实际应用。目前业界还没有对大功率充电的明确定义，不过普遍将电动汽车搭载的电量设定为100kW·h、充电倍率>3C为前提条件，充电10~20min，可以行驶里程>100km的充电功率定义为大功率充电。大功率充电对动力蓄电池、充电桩的温度、兼容性、电流速度、安全性等方面都提出了全新的要求，也对整车的电压平台、控制策略、耐压等级、热管理提出了更高的要求。在直流大功率充电应用上，还需要配备专业人员进行操作，并实时监测保护。

虽然大功率充电技术具有快速、便捷的优点，但目前还处于研发和探索阶段，在实用化方面还有大量的工作要做。因此，需要不断跟进新一代充电技术的发展及国内外标准的制修订情况。

4）无线充电

无线充电通过线圈与线圈的空间，利用电磁传递进行电力传送，由于其非接触式特点没有机械触电，因此，具有安全、寿命期限较长且无须维护的优点。用于电动汽车的无线充电方式可分为电磁感应方式、磁力共振方式、微波方式三种，见表2-5。大多数无线充电系统均采用电磁感应方式。

**非接触充电方式比较**　　　　　　　　　　表2-5

| 充电方式 | 电磁感应 | 磁力共振 | 微波 |
| --- | --- | --- | --- |
| 输送接收电效率 | 80%~90% | 80%~90% | 40%~70% |
| 安全性 | 无较大问题 | 无较大问题 | 与微波炉具有同等的安全性 |

续上表

| 充电方式 | 电磁感应 | 磁力共振 | 微波 |
|---|---|---|---|
| 便利性 | 须进行位置对合（应具有左右10cm以下的驻车位置精度） | 无须进行位置对合（左右约30cm的驻车位置偏移没有问题） | 无须进行位置对合（左右约30cm的驻车位置偏移没有问题） |
| 质量 | 大 | 小 | 小 |
| 成本 | 高 | 高 | 低 |

现阶段无线充电峰值效率为90%左右,而传统充电效率可达95%左右;充电功率一般在10kW以下,属于慢充;且电池泄漏以及电池对人体的辐射都仍须进一步研究。美国某国家实验室一份测试报告显示,无线充电系统在不同线圈拓扑结构间和不同传输功率范围内(3.7kW~7.7kW)可以实现全功率电力传输,效率高达93%(指电网到电池)。

目前,我国无线充电技术还处于研发阶段,相应国家标准也在制定过程中。东风汽车股份有限公司与中兴通讯股份有限公司在湖北合作建立了中国第一条大功率无线充电公交示范线,充电功率可达60kW;北汽新能源汽车股份有限公司也为EV150车型装备了基于磁力共振方式的无线充电系统,其最高效率达90.5%,传送距离为20mm。

### 2.3.3 动力蓄电池管理技术(BMS)

BMS是一个为管理电池而设计的电子控制系统,包括传感器、控制器、各种控制/驱动开关以及信息通信储存模块等,最核心的功能是根据使用环境对电池的充放电过程进行检测及控制,从而在保证电池安全的前提下最大限度地利用电池储存的能量。针对不同的应用场合,BMS应具有不同的功能。其中,基本功能包括:电池状态监测、荷电状态估算、安全保护等。

1) 电池状态监测

电池状态监测一般是指对电压、电流、温度三种物理量的监测。电池状态监测是一个BMS最基本的功能,它是其他各项功能的前提和基础。例如,电池荷电状态(State of Charge,SOC)评估是BMS的重要功能,它首先依赖于"电池状态监测"中电压、电流、温度的实时监测,如果这些"一手数据"不准确,则SOC评估也难以准确。

2) 电池状态分析

电池状态分析包括电池的剩余电量评估及电池劣化程度评两部分,即所谓的

SOC评估及健康状态(State of Health,SOH)评估。

（1）荷电状态(SOC)评估。

就像传统汽车驾驶员常常需要留意车上剩余的油量还有多少一样，对于一个电动汽车的驾驶员而言，需要知道剩余的电量还有多少，这就是BMS荷电状态评估模块所需要完成的功能。荷电状态评估是BMS的一项重要功能，同时也是最有挑战性的功能，近年来，在BMS领域超过一半的研究工作都是围绕SOC评估进行的。

（2）健康状态(SOH)评估。

电池从使用开始性能将逐步下降，这是一个不可逆的过程，所以电池的健康状态越差，越接近寿命的终点。电池的劣化是一个渐变的、复杂的过程。尽管如此，人们仍然希望找到一些可以量化的指标，对电池的健康状态进行描述。例如，可以将"容量衰减"与"直流内阻谱"作为评判电池健康状态的典型指标。健康状态的评估需要结合多方面的信息，因为它受动力蓄电池使用过程中工作温度、放电流大小等因素的影响，需要在使用过程中不断进行评估和更新，以确保驾驶员获得更为准确的信息。

3）电池安全保护

电池安全保护无疑是电动汽车管理系统最重要的功能。之所以把这项功能放置在第三位介绍，是因为这一功能常常以前面"状态监测""状态分析"这两项功能为前提。"过流保护""过充过放保护""过温保护"是最为常见的电池安全保护的内容。

（1）过流保护。

过流保护有时也被称为过电流保护，指的是在充放电过程中，如果工作电流超过了安全值，则应该采取相应的安全保护措施。大多数的磷酸铁锂动力蓄电池都支持短时间的过载放电，能在汽车起步、提速过程中提供较大的电流以满足动力性能的要求。但不同厂家、不同型号的动力蓄电池所支持的过载电流倍率、过载持续时间都是不一致的，例如某型号的动力蓄电池支持不超过1min的3C过载电流，这正是BMS的过流保护功能所必须考虑的。

（2）过充过放保护。

另一项电池安全保护的基本功能就是过充过放保护。过充保护指的是在电池的SOC为100%的情况下，为了防止继续对电池充电造成电池损坏，而采取切断电池充电回路的保护措施；另一方面，在电池的SOC是0的情况下，若继续对电池进行放电，也会对电池造成损坏，此时应采取措施，切断电池的放电回路，这就是过放保护。在实际操作过程中，过充过放保护有一种简单的实现方式，即设定充、放电的截止保护电压,即如果检测到的电池电压高于或者低于所设定的门限电压值,则及时切断电流回路以保护电池。

(3)过温保护。

过温保护,顾名思义就是当温度超过一定限值时对动力蓄电池采取的保护性措施。动力蓄电池是一种化工产品,在高温下工作可能产生难以控制的化学反应,轻则损伤电池,严重时将会引起事故,造成人员伤亡。过温保护需要考虑环境温度、蓄电池组的温度以及每个单体蓄电池本身的温度。由于温度的变化需要一个过程,温度控制往往也具有滞后性,因此温度保护往往要考虑一些"提前量"。例如,若检测到环境温度或者电池箱温度过高,接近使电池损坏的门限值时,则应采取相应的保护措施。或者,某个单体蓄电池的温度突然快速上升,虽然还没有达到安全限值,但仍应采取一定的保护措施,例如通过仪表对驾驶员进行警告。

4)能量控制管理

能量控制管理常被归入电池"优化管理"的范畴,即它不属于 BMS 基本的、必备的功能。以往有许多 BMS 并不参与电池的充放电管理,也不具备均衡控制管理的功能。

(1)电池的充电控制管理。

电池的充电控制管理,是指 BMS 在电池充电过程中对充电电压、充电电流等参数进行实时的优化控制,优化的目标包括充电时长、充电效率以及充电的饱满程度等。在早期的电动汽车应用中,BMS 与充电机之间没有通信渠道,也就是说,BMS 只能控制充电机的启动、停止,而不能对充电参数进行控制;但这种情况在现今的主流应用中都得到了改善,无论是车载充电机还是地面充电桩,一般都留有了与 BMS 通信的接口,根据接收到的参数信息控制充电的电压、电流大小。

(2)电池的放电控制管理。

电池的放电控制管理,是指在电池的放电过程中根据电池的状态对放电电流大小进行控制,这一项功能在以往某些系统中常被忽视,在这些简单的系统中,电池包被认为只需要提供电能,不产生安全问题即可。然而,在一个较为先进和完善的系统中,加入了放电控制管理的功能,可以使动力蓄电池组发挥更大的效能。例如,在动力蓄电池组荷电状态小于 10% 的情况下,如果适当限制动力蓄电池组的最大放电电流,尽管会对汽车的最高速度产生影响,但这有利于延长车辆的续驶里程,更为重要的是,这有利于延长动力蓄电池组的寿命。另外,制动能量回收也是能量控制管理的重要内容之一。例如,在某些混合动力电动汽车中,需要通过充放电控制管理把电池的荷电状态维持在 60%~80%,以腾出足够的电荷容量空间来接收来自制动而回收的能量。这样做的另外一个考虑就是使电池工作在等效内阻较小的一个区间，从而使充放电的效率更高。

（3）电池的均衡管理。

由于受生产工艺不稳定等"先天"因素或者使用环境不一致等"后天"因素的影响，蓄电池组内的各个单体蓄电池总存在一定程度的不一致性。电池的均衡管理，是指采取一定的措施尽可能降低电池不一致性的负面影响，以达到优化蓄电池组整体放电效能，延长蓄电池组整体寿命的效果。

5）电池信息管理

由于电动汽车动力蓄电池组中蓄电池的个数往往较多，每秒钟都将产生大量的数据，这些数据，有些需要通过仪表告知驾驶员，有些需要通过通信网络传送到BMS以外（如整车控制器、电机控制器等），也有一些需要作为历史数据被保存到系统中。

（1）电池信息的显示。

①BMS通常通过仪表把电池状态信息显示出来，告知驾驶员或汽车维修人员。需要显示的信息通常包括以下三类：实时电压、电流、温度信息。由于汽车上的电池个数较多，因此不需要将每个电池的信息都进行显示，通常只需要把整个蓄电池组的总电压、总电流、最高电池电压、最低电池电压、最高电池温度、最低电池温度等信息反映在仪表上。

②电池剩余电量信息。该信息类似于传统汽车上油量表中反映油箱剩余汽油的数据。为了使驾驶员获得更为直观的感受，通常也会把剩余行驶里程的估算值显示在仪表上。

③告警信息。当蓄电池组存在安全问题或即将发生安全问题时，需要及时通过仪表通知驾驶员，此时往往还需要配合声音告警等多种其他手段来引起驾驶员的及时注意。

（2）系统内外信息的交互。

先进的电动汽车控制离不开车载信息通信网络。对于BMS而言，往往同时具有"内网"和"外网"两级网络。其中，内网用于传递BMS的内部信息，例如，在一个分布式电动汽车BMS中，所有的动力蓄电池先被划分为若干个"小组"，各小组由一块电路板进行管理，各小组的电路板通过"内网"将每个蓄电池的具体信息传至BMS的主电路板。同时，"外网"用于BMS与整车控制器、电机控制器等其他部件交互信息。"外网"应该是双工（支持双向通信）的。一方面，BMS需要将电压、电流、温度等信息发送给其他部件；另一方面，整车控制器也需要将"是否有充电机接入""是否允许进行充电"等信息发送给BMS。

(3)电池历史信息存储。

电池历史信息存储并非 BMS 所必需的功能,但先进的动力蓄电池管理系统往往具备这项功能。信息存储从时效上具有两种方式,即"临时存储"与"永久存储"。其中临时存储是利用随机存取存储器(RAM),暂时保存电池信息,例如暂存上一分钟估算所得的剩余电量及在过去一分钟内电流的变化信息,以便估算出此时此刻电池的荷电状态值;永久存储可利用 EEROM、Flash Memory 等器件来实现,可保存时间跨度较大的历史信息。

### 2.3.4 动力蓄电池热管理技术

由于动力蓄电池系统所处环境及自身温度直接影响其正常运行、循环寿命、充电可接受性、输出功率、可用能量、安全性和可靠性,因此,为了使动力蓄电池系统达到最佳的性能和寿命,需要通过引入热管理系统对电池进行低温加热、高温散热以及保温管理,限制电池的温升以及温差,从而实现蓄电池组温度均匀化,保证电池工作在适宜的温度范围内,降低电池性能衰减速度并消除相关的潜在安全风险。通过热管理系统对温度进行调节和控制,使动力蓄电池在运行过程中始终保持在合适的温度范围,对提高动力蓄电池系统的性能和效率、延长其使用寿命、降低电动车辆的成本、保障电动车辆的安全使用等方面都有重要的现实意义。

锂离子(动力)蓄电池自身的温度保持在 20~30℃ 范围内为最佳,保持在 0~45℃ 范围内则较为舒适:当锂离子蓄电池自身的温度低于 0℃ 时,容易出现充电析锂或放电降功率的现象;当锂离子蓄电池的温度超过 45℃ 时,锂离子蓄电池的循环寿命会急剧下降,而且还可能会出现热安全问题。然而,随着电动汽车的普及推广,消费者对电动汽车所处的环境要求越来越高,-30~55℃ 的环境温度已经成为越来越多电动汽车需要应用的场景。与此同时,锂离子蓄电池在使用过程中产生的大量热量,会使锂离子蓄电池自身的温度升高。在此情况下,要将锂离子蓄电池的温度保持在 0~45℃ 范围内以保证动力蓄电池系统的寿命和安全,这需要通过高效的热管理系统去实现:保证在 -30~0℃ 环境温度中使用的锂离子电池自身的温度不低于 0℃;保证在 0~55℃ 环境温度中大倍率使用的锂离子蓄电池自身的温度不高于 45℃。

热管理系统设计必须通过实验验证之后才能完成设计。实验验证可以分为:功能性测试、可靠性测试、安全性测试和寿命测试。功能性测试主要是用于验证热管理系统是否满足设计目标:对于冷却系统,当动力蓄电池系统在特定温度环境运行特定工况时,一方面需要验证电芯的最高温度和电芯间的最大温差是否满足设计要求,另一方面还需要验证冷却系统工质(空气、冷却液等)的流场分布和热场分布是否满足设计要求;对于加热系统,一方面需要验证电芯的升温速率和电芯间的温差是否满足设计要求,另一方面需要验证加热元件的流场分布(液热情况)和热场分布是否满足设计要求;对于保温系统,需要验证动力蓄电池系统在特定工况下的降温速率是否满足设计要求。热管理系统在安装和使用过程中,有可能会出现安装失效、振动、挤压或者穿刺等现象,进而造成热管理零部件不能提供相应的功能,在此情形下其可靠性得不到保证。因此,可靠性测试的主要目的就是模拟热管理系统在安装和使用过程中是否会出现功能失效的风险,进而采取合理的措施规避这些风险。

### 2.3.5 动力蓄电池一致性评价技术

延长单体蓄电池的寿命是提高动力蓄电池使用寿命的关键所在。为了让每一个单体蓄电池都可以更大化地被管理和利用,就需要对动力蓄电池一致性进行科学合理的评价。

动力蓄电池的一致性分为多个方面和多个指标。其中,单体蓄电池的外观尺寸、容量、内阻等参数可以反映单体蓄电池的静态一致性;而单体蓄电池在充放电过程中,蓄电池的阻抗、反应热等参数及其随循环的老化情况也能反映单体蓄电池的动态一致性。当单体蓄电池组成模组后,单体串并联方式的不同、每个单体蓄电池所分得的电压或电流的细微差异、单体蓄电池和外电路接触电阻的不同以及蓄电池组热管理导致的温度环境差异,都会导致蓄电池组内部的每个单体蓄电池处于不一致的工况。因此,模组中蓄电池的单体一致性在使用中会逐渐变差。

首先,单体蓄电池固有属性的不同是导致锂离子蓄电池不一致性的根本原因。这包含单体蓄电池内部活性物质的差异、各部分组分配比差异等由于电池制造水平决定的电池品质不同,这些不一致性在生产制造过程中仅仅可以缩小,不能够完全消除。其次,由活性材料、电池设计和模组结构决定的电池热、电、力等物理性质积累及变化的差异,这些差异是引起电池动态不一致性的主要原因。初始一致性在动态工况条件下的恶化,通常被认为是正常的老化范畴,可以通过仿真模拟、设计优化等研究方法进行设计优化而得到极大的改善,虽然改善的同时也往往会显著增加模组的成本。

动力蓄电池的一致性评价方法主要包括:

(1)从模组产品品质管理的角度,提出基于模组结构的蓄电池单体一致性评价方法。即将串并联组成的模组进行充放电,利用 BMS 记录的单体蓄电池温度、电压、荷电状态（SOC）等数据，每隔10% SOC 计算蓄电池组内电池的标准差，当标准差小于一定的值，则表示该蓄电池组一致性良好。

（2）从单体蓄电池品质控制的角度，基于蓄电池单体的数据进行单一级别的一致性评价及筛选。例如，基于充放电数据进行蓄电池的单体一致性评价及筛选，即利用恒流恒压对多个电池进行充电，通过恒压段充入电量和恒流段充入电量的比值来判断电池之间的一致性。

（3）基于单体蓄电池的多种考察因子，进行多级别的分级筛选。例如先将自放电率作为一级筛选因子，将自放电率较大的蓄电池剔除，然后再用蓄电池的容量和内阻对蓄电池进行二次分档。

（4）引入强化条件，进行一致性评价。以磷酸铁锂蓄电池为例，先对蓄电池进行大电流充放电，然后静置记录其自放电率，通过二者的结合对磷酸铁锂的一致性进行筛选。

（5）基于修正曲线的动力蓄电池组或者单体一致性评价。例如，先得到动力蓄电池组的充放电曲线，然后计算得到去除欧姆压降的一次修正充放电曲线，再计算得到去除计算电压影响的二次修正充放电曲线，根据二次修正曲线计算得到的$Q_{max}$和荷电状态对电池的一致性做出评价。

（6）基于复合计算因子的一致性评价方法。有专家学者提出一致性系数 $Q$，这是一个由电池容量、直流内阻以及极化电压三者相乘得到的一个反映不一致性大小的系数，用来评价电池的动态一致性。

现有动力蓄电池一致性评价方法基本上是基于"产品内在特性一致"的思路而得到的，然而动力蓄电池的内在特性复杂，很难有一种方法可以有效解决目前面临的所有问题。事实证明以上方法均不能很好地满足模组对于蓄电池单体一致性的需求。依据模组结构和蓄电池单体的实际工况，确定对于单体一致性的需求，进而选取最为适合的评价方法，即一致性评价方法应该是针对性的、而非普适性的，这应是一致性研究中需要引起重视和客观认识的重要特征。

提高动力蓄电池一致性可以通过两种方法。一是消除在生产制造过程中导致单体蓄电池之间产生差异的因素。这一手段虽然可以在源头上尽可能提高蓄电池单体的一致性，但其追求品质的过程会对生产技术提出苛刻要求并由此导致生产成本的不断提高，甚至造成生产效率低下，因此，为大规模生产带来的效益非常有限。另一个提高一致性的方法便是在大批量电池中进行筛选。通过测量单体蓄电池的各种参数，应用高通量、快速、高效、准确的一致性筛选方法，可在组成模组的时选用一致性接近的电池配组，以达到提高一致性的目的。这种提高一致性的方法是将性质较为接近的蓄电池单体配组组成模组，而非追求每个单体蓄电池性质的极致相同,因此,该方法可以最大限度地利用到所有生产出来的蓄电池单体,兼顾成本和效率,且可以经过实验室验证后再在实际应用中大规模推广,是较为适用的方法。

## 2.4 纯电动道路运输车辆应用现状

### 2.4.1 整体情况

随着新能源汽车技术的快速发展及配套基础设施的快速建设,新能源汽车产销量快速增长,市场渗透力逐年提高。2014年以来,我国新能源汽车销量由1.8万辆提升至120.6万辆,年均增长率在50%以上。新能源汽车占汽车销售市场总量的比例(渗透率)逐年提升,2014年为0.32%、2015年为1.35%、2016年为1.8%、2017年为2.7%,2018年为4.5%,2019年达到4.7%,如图2-2所示。

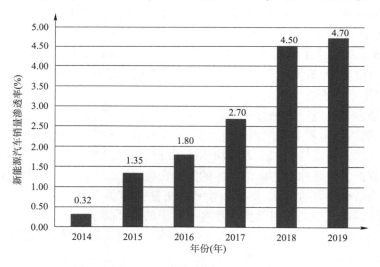

图2-2 2014—2019年我国新能源汽车销量渗透率

保有量方面,截至2020年底,我国新能源汽车保有量达492万辆,占汽车总量的1.75%,与2019年底相比,新能源汽车保有量增加111万辆,增长29.18%。其中,纯电动汽车保有量400万辆,占新能源汽车总量的81.32%。2017—2020年新能源汽车年增量超过100万辆,呈快速增长趋势。2014—2020年我国新能源汽车保有量如图2-3所示。

# 纯电动汽车关键技术及应用现状 第2章

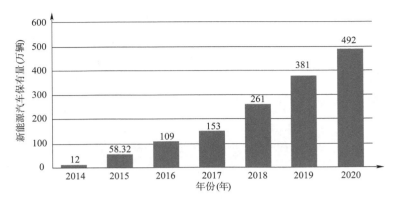

图 2-3 2014—2020 年我国新能源汽车保有量

产销量方面,2020 年我国纯电动汽车销量占新能源汽车销量的比例超 80%。据统计,2020 年 1—12 月,我国新能源汽车产销量分别完成 136.6 万辆和 136.7 万辆,与 2019 年相比增长 10% 和 13.3%,如图 2-4 所示。其中,纯电动汽车产销量分别完成 110.5 万辆和 111.5 万辆,产量同比增长 8.3%,销量同比下降 14.8%;插电式混合动力电动汽车产销量分别为 26 万辆和 25.1 万辆,同比分别增长 18.5% 和 8.4%;燃料电池电动汽车产销量分别为 1199 辆和 1177 辆,同比分别下降 57.5% 和 56.8%,如图 2-5 所示。

图 2-4 我国新能源汽车产销量

根据我国现阶段的技术路线选择及产业侧重发展方向,我国在发展新能源汽车过程中以纯电动汽车为主、以插电式混合动力电动汽车为辅、以燃料电池电动汽车为未来重点研发对象。目前,插电式混合动力电动汽车主要用于乘用车和客车领域,由于燃料电池技术尚未成熟,燃料电池电动汽车仅在客车与专用车领域进行试点。

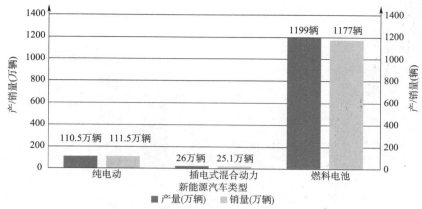

图 2-5 2020 年我国不同类型新能源汽车产销量

在各类应用领域中,私家车、公交和物流领域分别为乘用车、客车和专用车最主要的应用领域。在私家车领域,新能源私家车占比约 62%,成为最主力的应用领域。在公交领域,作为我国新能源汽车最开始应用的领域,随着一、二线城市首轮公交车电动化进程的结束,新能源公交车的发展进入平稳增长期。在物流配送领域,新能源物流车数量超过新能源公交车数量,主要运营方是京东集团股份有限公司、顺丰控股股份有限公司等电商和物流业企业。同时,燃料电池物流车也开始以小规模商业化示范的模式走向市场,以新兴物流运营商为主要购买和运营企业。

## 2.4.2 公共交通领域

2015 年,交通运输部发布的《关于加快推进新能源汽车在交通运输行业推广应用的实施意见》中提出,到 2020 年,新能源汽车在城市公交、出租汽车和城市物流配送等领域的总量达到 30 万辆;2018 年,交通运输部发布的《关于全面加强生态环境保护坚决打好污染防治攻坚战的实施意见》中提出,到 2020 年底前,城市公交、出租及物流配送等领域新能源车保有量需达 60 万辆,进一步体现了国家推广新能源汽车的决心。

近年来,交通运输部认真贯彻落实党中央、国务院决策部署,按照生态文明建设总体要求,将加快交通运输行业新能源汽车推广应用作为落实新发展理念、深化交通运输行业供给侧结构性改革和推进绿色交通发展的重要举措,在新能源汽车推广应用方面取得了显著成效。据统计,截至 2019 年底,交通运输行业已经推广应用了接近 100 万辆新能源汽车,约占同期全国新能源汽车保有量的 1/4,提前超额实现了"十三五"的规划目标。其中,新能源公交车保有量达 41 万辆,约占全国公交车总量的近60%,新能源出租汽车总量约7.7万辆,新能源城市物流配送车超过43万辆。

1)公共汽电车领域

随着国务院"打赢蓝天保卫战"行动计划的部署和实施,近几年,国家各部门及地方政府均大力推动新能源汽车应用,尤其在城市公交车领域。2016—2019年,公共汽电车保有量从60.86万辆增加到69.33万辆,增加13.9%,而车辆电动化比例由不足30%快速增长到60%左右,公交车辆电动化进程明显,具体数值见表2-6。上海、广州、长沙、福州、青岛等地方政府纷纷发布公交车全面电动化的实现时间。目前,深圳市公交车已全部实现电动化,北京市新能源与清洁能源公交车占比已超过90%,上海市新增公交车将全部采用新能源汽车,广州2/3的公交车实现电动化。

全国城市公交车辆动力类型占比　　　　　表2-6

| 年份（年） | 公共汽电车（万辆） | 柴油车占比（%） | 天然气汽车占比（%） | 汽油车占比（%） | 混合动力电动汽车占比（%） | 纯电动汽车占比（%） |
|---|---|---|---|---|---|---|
| 2016 | 60.86 | 37.2 | 30.5 | 1.4 | 11.5 | 15.6 |
| 2017 | 65.12 | 28.7 | 27.9 | 1.0 | 13.2 | 26.3 |
| 2018 | 67.34 | 22.2 | 24.5 | — | 12.9 | 37.8 |
| 2019 | 69.33 | 17.4 | 21.5 | — | 12.3 | 46.8 |

2019年交通运输行业发展统计公报数据显示,截至2019年底,全国拥有公共汽电车69.33万辆,比2018年增长2.9%。其中新能源公交车40.9万辆,占全国69万辆公交车的比例为59%。按车辆燃料类型分,柴油车占17.4%,天然气汽车占21.5%,纯电动汽车占46.8%,混合动力电动汽车占12.3%,如图2-6所示。

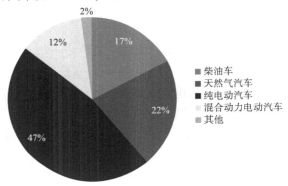

图2-6　2019年我国公共汽电车燃料类型占比

2）出租汽车领域

目前,我国已有 63 个城市明确提出了出租汽车新能源化目标或规划,18 个省市明确了出租汽车电动化比例。其中,辽宁、海南等地规定 2020 年运营车辆 100% 使用新能源汽车;广东、河南等地规定 2020 年新增或更新运营车辆需 100% 使用新能源汽车等。

截至 2019 年底,我国新能源出租汽车保有量为 7.7 万辆,占全国 139 万辆巡游出租汽车的比例为 6%。

### 2.4.3 物流配送领域

2014—2017 年期间,新能源物流车市场从无到有,逐步发展为年度产销量达 15 万辆量级的市场,四年间产销量增长了近 80 倍,销量渗透率也从不足千分之一,快速上升到 4.8%（图 2-7）。但 2017 年之后,随着新能源汽车行业补贴的退坡等原因,新能源物流车产销量随之下滑,到 2019 年,全年销量仅为 4.96 万辆,相比 2017 年缩减了 2/3,且产能过剩约 2.3 万辆,新能源物流车市场进入了一个发展瓶颈期。

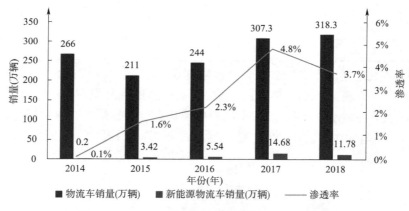

图 2-7 2014—2018 年我国新能源物流车销量及渗透率

在车型方面,基于新零售业的迅猛发展,城市配送业务需求量大增,适合城市配送物流的新能源微型车和轻型车成为绝对的主导车型。2019 年后,随着动力蓄电池技术的发展及行业对电动重型货车的更多关注,适合中长途运输的新能源中重型货车占比有所提高。

2018 年 10 月,国务院办公厅印发《推进运输结构调整三年行动计划（2018—2020 年）》（以下简称《行动计划》）,提出推进城市绿色货运配送示范工程。引导特大城市群和区域中心城市规划建设绿色货运配送网络，完善干支衔接型物流园区（货运枢纽）和城市配送网络节点及配送车辆停靠装卸配套设施建设。鼓励邮政快递企业、城市配送企业创新统一配送、集中配送、共同配送、夜间配送等集约化运输组织模式。到2020年，在全国建成100个左右的城市绿色货运配送示范项目。《行动计划》同时要求，加大新能源城市配送车辆推广应用力度。加快新能源和清洁能源车辆推广应用，到2020年，城市建成区新增和更新轻型物流配送车辆中，新能源车辆和达到国六排放标准清洁能源车辆的比例超过50%，重点区域达到80%。

2020年6月，交通运输部印发《关于做好交通运输促进消费扩容提质有关工作的通知》，指出逐步推动城市公共交通工具和城市物流配送车辆实现电动化和清洁化。

截至2019年底，我国新能源城市配送物流车超过43万辆，占全国1100万辆城市物流配送车比例接近4%，仍有较大增长空间。

## 2.5 本章小结

本章主要围绕纯电动汽车关键技术及应用现状展开分析，介绍了纯电动汽车的基本工作原理，以及纯电动汽车动力蓄电池组、电机、高压电控制系统等关键装置；系统梳理了当前国内外纯电动汽车的技术发展趋势，深入探索了纯电动汽车涉及的动力蓄电池正极材料性能、充电技术、动力蓄电池管理技术（BMS）、动力蓄电池热管理技术和动力蓄电池一致性评价等关键技术；调研总结了纯电动道路运输车辆当前的应用现状，主要包括整体情况、公共交通领域的应用情况以及物流配送领域的应用情况等内容。

# 第3章 纯电动道路运输车辆能源消耗研究现状

## 3.1 国外车辆能源消耗量测量方法研究现状

为促进道路运输车辆的节能降碳,提升车辆燃油经济性,减少温室气体排放,国外部分国家采用了制定汽车燃油经济性控制法规标准的方式,提出各车型不同时间阶段的车辆能源消耗量限值,发布相应的测量工况和测量方法,实行燃料标识制度等。

大量的实践证明,制定道路运输车辆的能源消耗量限值是控制道路运输行业能源消耗和减少温室气体排放的最有效措施之一,其中又以美国、日本和欧洲为应用时间较长、成熟度较高的国家和地区。

在进行道路运输车辆能源消耗量测试中,选择符合实际的测量工况是最为重要的关键因素。理想情况是该工况能够代表该国或该地区实际道路上的机动车行驶状况。由于机动车尾气排放和燃油消耗水平对机动车行驶状况非常敏感,同样一辆车在不同国家或地区将表现出完全不同的燃油经济性水平。世界各国和地区主要采用3种不同的测试工况来评价燃油经济性水平:美国的公司汽车燃料经济性标准(Corporate Average Fuel Economy,CAFE)工况、日本10-15工况和欧洲行驶工况(NEDC)。试验工况对油耗的影响很大,要进行车辆的经济性评价,必须设定试验工况。各国的试验工况不尽相同,故测试值有一定差异。在评价燃油经济性时,要指明试验工况。

### 3.1.1 美国

美国的汽车燃料消耗量限值标准由美国运输部(DOT)下属的国家公路交通安全管理局(NHTSA)和环境保护署(EPA)负责制定。NHTSA制定的联邦法规(CFR)《乘用车燃油经济性标准》(49 CFR 531)和《轻型货车燃油经济性标准》(49

CFR 533),要求汽车制造厂商在规定年内销售汽车的平均燃料消耗量必须满足CAFE标准。EPA制定了《机动车燃料经济性法规》(40 CFR 600),详细规定了1977年以后生产车型的燃料消耗量试验规程、燃料消耗量标识值的计算方法、燃料消耗量标识式样、燃料消耗量相关信息的获取方式,以及汽车生产企业平均燃料经济性的确定方法等内容。

虽然美国在控制车辆燃料消耗量和污染物排放方面一直走在世界前列,但是在中重型商用车燃料消耗量限值方面一直处于空白。直到2007年,美国国会通过了《能源独立和安全法案》(Energy Independent and Security Act,EISA),又称《新能源法案》。根据该法案,到2020年,美国汽车工业必须使汽车油耗比目前降低40%,使汽车达到平均每加仑燃油行驶30~35mi[①]的水平。为了达到这一要求,EISA要求EPA和NHTSA合作制定重型车能耗和污染物排放的标准,其中EPA负责重型车的温室气体[包括$CO_2$、$CH_4$、$N_2O$和$HFC_s$(氢氟炭化合物)]排放标准,NHTSA负责重型车燃油经济性标准的制定。

2011年11月,美国联邦政府颁布了美国首个适用于中重型货车和公共汽车的燃油效率和温室气体排放国家标准(以下简称标准),并计划于2014年开始执行。该标准对2014—2018年制造的除CAFE标准规定的轻型客货车和中型乘用车外车辆的温室气体排放和燃油经济性进行了规定,包括皮卡车、轻型客车、载货汽车、多功能货车、大型组合式半挂牵引车等车型。

标准中对中重型车辆进行了分级,按照全负荷车辆的最大允许质量(GVWR),即车辆总质量将中重型车辆分为了8个等级(Class),见表3-1。

车辆总质量分级　　　　　　　　　　　　　　　　表3-1

| 等级 | Class 2b | Class 3 | Class 4 | Class 5 | Class 6 | Class 7 | Class 8 |
|---|---|---|---|---|---|---|---|
| GVWR (lb[②]) | 8501~10000 | 10001~14000 | 14001~16000 | 16001~19500 | 19501~26000 | 26001~33000 | >33001 |

为了科学合理地制定测量方法和限值指标,标准中根据车辆的结构和使用情况将中重型车辆分为三个类别:重型皮卡车和厢式货车(Class 2b和Class 3)、挂车牵引车(Class 7和Class 8)以及专用车辆(Class 2b~Class 8)。针对三类车辆的市场特点,提出了不同的测试方法和限值指标。其中对于结构复杂的挂车牵引车和专用车辆采用的是模拟计算法,而对于结构相对简单的重型皮卡车和厢式货车采

---

① 1mi=1.61km。
② 1lb=0.454kg。

用的是底盘测功机法。

美国 CAFE 标准中采用底盘测功机法来测量乘用车和轻型货车的燃料消耗量。燃料消耗量试验与排放试验同步，通过操作汽车在底盘测功机上运行指定工况，采用碳平衡法来计算汽车消耗的燃油量。CAFE 标准的测试工况通过改进美国洛杉矶市早晨通勤时间公共汽车的运行工况的实测数据得到，该测试工况由两个部分组成：城市道路行驶循环（City Driving Cycle，如图 3-1 所示）和高速公路行驶循环（Highway Driving Cycle，如图 3-2 所示）。试验中根据测定汽车尾气中的碳排放量（$HC_x$、$CO$ 和 $CO_2$），利用碳平衡原理计算得出该车型以 mi/gal（1mi/gal = 0.43km/L）表示的城市道路行驶燃油经济性（CFE）和高速公路行驶燃油经济性（HFE）。CAFE 标准中综合燃料消耗量 $FE$ 包括 55% 的城市道路行驶油耗和 45% 高速公路行驶油耗。将测定的 CFE 和 HFE 数据代入式（3-1），可求出该车型的综合燃料消耗量 $FE$。

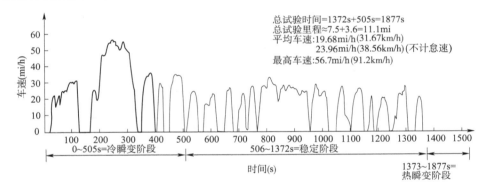

图 3-1　城市道路行驶循环

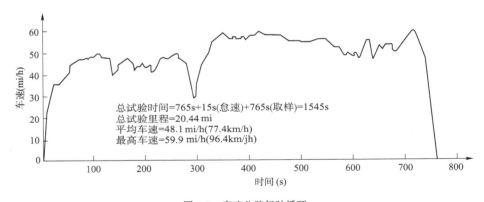

图 3-2　高速公路行驶循环

$$FE = \frac{1}{\dfrac{0.55}{CFE} + \dfrac{0.45}{HFE}} \tag{3-1}$$

各类车辆的详细燃料消耗量限值见表3-2～表3-4。

汽车列车燃料消耗量限值[gal/(kt·mi)]　　　　　表3-2

| 类别 | 车型 | | |
|---|---|---|---|
| | 无卧铺驾驶室 | | 带卧铺驾驶室 |
| | Class 7 | Class 8 | Class 8 |
| 2014—2016年 | | | |
| 低车顶 | 10.5 | 8.0 | 6.7 |
| 中车顶 | 11.7 | 8.7 | 7.4 |
| 高车顶 | 12.2 | 9.0 | 7.3 |
| 2017年 | | | |
| 低车顶 | 10.2 | 7.8 | 6.5 |
| 中车顶 | 11.3 | 8.4 | 7.2 |
| 高车顶 | 11.8 | 8.7 | 7.1 |

重型皮卡车和厢式货车燃料消耗量限值[gal/(kt·mi)]　　　　　表3-3

| 年份(年) | 车型 | | | |
|---|---|---|---|---|
| | a | b | c | d |
| 柴油机车辆 | | | | |
| 2014 | 0.0478 | 368 | 0.000470 | 3.61 |
| 2015 | 0.0474 | 366 | 0.000466 | 3.60 |
| 2016 | 0.0460 | 354 | 0.000452 | 3.48 |
| 2017 | 0.0445 | 343 | 0.000437 | 3.37 |
| 2018及以后 | 0.0416 | 320 | 0.000409 | 3.14 |
| 汽油机车辆 | | | | |
| 2014 | 0.0482 | 371 | 0.000542 | 4.17 |
| 2015 | 0.0479 | 369 | 0.000539 | 4.15 |
| 2016 | 0.0469 | 362 | 0.000528 | 4.07 |
| 2017 | 0.0460 | 354 | 0.000518 | 3.98 |
| 2018及以后 | 0.0460 | 339 | 0.000495 | 3.81 |

专用汽车燃料消耗量限值[gal/(kt·mi)]　　　　　表 3-4

| 年份(年) | 车型 | | |
|---|---|---|---|
| | 次重型 Class 2b~5 | 重型 Class 6~7 | 超重型 Class 8 |
| 2017 | 36.7 | 22.1 | 21.8 |
| 2016 | 38.1 | 23.0 | 22.2 |

此外,EPA 和 NHTSA 还分别批准了针对汽车列车(Class 7~8)和专用车辆上配置的重型发动机的排放和燃料消耗量限值标准。该标准根据发动机类型(压燃式或点燃式)以及装配车辆的类型和级别,对重型发动机进行了分列,由此来建立科学可行的燃料消耗量限值指标。标准中对重型发动机的分类与 EPA 现有的基于污染物排放准则的分类方法一致,将重型发动机分为四类,重型发动机与装配车辆的对应情况见表 3-5。

重型发动机与装配车辆的对应情况　　　　　表 3-5

| 重型发动机类型 | 次重型<br>(LHD) | 重型<br>(MHD) | 超重型<br>(HHD) | 点燃式<br>(主要汽油机) |
|---|---|---|---|---|
| 装配车辆级别 | Class 2b~5 | Class 6~7 | Class 8 | 等级外 |
| 车辆 GVWR(lb) | 85001~19500 | 19501~33000 | >33001 | <14000 |

牵引车重型柴油机限值见表 3-6。

牵引车重型柴油机限值[gal/(100hp·h)][①]　　　　　表 3-6

| 类型 | 2014 年(自愿) | 2017 年(强制) |
|---|---|---|
| 重型柴油机(MHD) | 4.93 | 4.78 |
| 超重型柴油机(HHD) | 4.67 | 4.52 |

NHTSA 出台的重型发动机标准计划分两个阶段实施,第一阶段为 2014—2016 年,重型发动机生产企业根据自身情况自愿执行;第二阶段从 2017 年开始,这一阶段内所有重型发动机生产企业必须强制执行该标准规定的限值。根据该标准,相关部门要求发动机制造商生产的发动机平均 $CO_2$ 排放量和燃料消耗量在 2014 年相比 2010 年要降低 3%,2017 年重型柴油机(MHD)和超重型柴油机(HHD)的 $CO_2$ 排放量和燃料消耗量比 2010 年下降 6%。

## 3.1.2　日本

日本 1979 年颁布了《能源利用合理化法》(又称《节约能源法》),通过严格规

---

① 1hp = 745.7W。

定能源标准,提高了建筑、汽车、家电、电子等产品的节能标准,不达标产品禁止上市。《节约能源法》是日本能源领域的核心法律之一,也是日本汽车燃料消耗量管理的主要法律。《节约能源法》的相关法规由"法律实行令"(政令)、"法律施行规则"(省令)、"告示"三者构成。在汽车燃料消耗量管理方面,《节约能源法》中的《能源合理消耗法实施政令》《关于确定机动车能源利用率的省令》和《制造者等关于改善机动车性能的准则》等一系列法律性文件对汽车的燃料消耗量测试方法和限值进行了规定。

　　日本重型车燃料消耗量限值的制定,为其他国家的和地区制定相应标准提供了参考。但是该标准也有一些缺点。日本的重型车燃料消耗量限值标准采用的计算方式是在不考虑车辆驱动方式、装备等因素的情况下,将各重量级别下的发动机在台架上进行试验,得出发动机参数,再对减速比、轮胎、变速器等车辆动力传统系数选取平均值,然后输入计算机进行模拟计算。由于世界不同地区的道路状况、气候因素、车辆维护等情况各不相同,因而日本的方法未必适用于其他国家。

　　日本目前针对所有车型都进行燃料消耗量限制,其汽车燃料消耗量测试方法根据汽车的特点有所不同。

　　对于轻型车燃料消耗量的测量,日本采用底盘测功机试验方法,根据测定尾气排放中的碳排放量($HC_x$、CO 和 $CO_2$),利用碳平衡原理计算工况循环百公里油耗。但日本法规中采用的工况循环与美国不同。

　　日本早期一直使用 10 工况法(图 3-3)测量轻型车的燃料消耗量。由于 10 工况法不能反映汽车的高速行驶状态,自 1992 年开始,日本对本国轻型车执行了 10-15 工况法(图 3-4)。10-15 工况法不仅增加了怠速工况的运转时间,而且又追加了高速行驶工况。从 1993 年 4 月 1 日起日本对进口轿车也执行了 10-15 工况法。

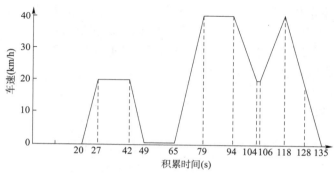

图 3-3　10 工况法

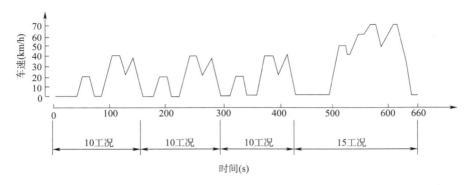

图 3-4 10-15 工况法

进行 10-15 工况循环试验时,车辆将进行预处理,以 60km/h 运行 5min,接着进行怠速工况排放试验,然后再以 60km/h 运行 15min 并进行一个 15 工况循环。预处理后开始进行 10-15 工况试验。试验中需要运行 10 工况循环 3 次,15 工况循环 1 次。总试验时间为 660s,总里程为 4.16km,平均车速为 22.7km/h(不包括怠速时 33.1km/h),最高车速 70km/h,怠速时间占 31.4%。

对于中重型车辆燃料消耗量的测量,日本采用了模拟计算的方法。试验中通过车辆传动系统参数将车辆工况的时间速度图转换为发动机的转速转矩图,从而得到车辆的燃料消耗量。

在重型商用车的油耗测试方法方面,日本是世界上最早通过制定行业标准来规范重型车燃料消耗的国家。重型汽车多用于城间行驶,因此,用于燃料消耗量测定方法的行驶模式采用基于"市区行驶模式"和"城间行驶模式"的复合模式。

(1)市区行驶模式。

2005 年日本实施的排放法规中对车辆总质量超过 3.5t 的车辆采用"JE05 模式"(图 3-5)进行测试。JE05 循环工况是根据实际的市区行驶路况得到的,反映了日本汽车在城市间的运行特征。

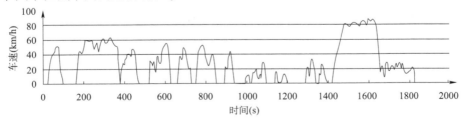

图 3-5 市区行驶模式

(2)城间行驶模式。

根据日本城间高速公路的实际情况及车辆行驶情况调查结果,确定城间行驶模式采用如下条件。

①行驶速度。

在高速行驶时,速度变化对燃料消耗率的影响小,故设定速度为定值。此外,根据行驶实际情况调查结果,不分车型将速度均设定为80km/h。

②纵向坡度。

由于纵向坡度对燃料消耗量的影响大,考虑将道路交通量最大的东名高速公路的坡度设定为纵向坡度(图3-6)。

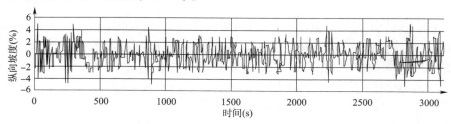

图3-6 城间行驶模式

③实(装)载率(乘车率)。

参考行驶实际情况调查结果以及在排放测定方法上的设定等,不分车型将实载率都设定为50%。

(3)各行驶模式的行驶比例。

参考行驶实际情况调查结果等,根据高速公路的利用频度,把市区和城间各行驶模式的行驶比例按不同车型设定,见表3-7(GVW为车辆总质量)。

各行驶模式行驶比例　　　　　　表3-7

| 类别 | | 载客汽车(乘车定员11人以上) | | | 载货汽车 | | | |
|---|---|---|---|---|---|---|---|---|
| | | 一般客车 | | 公共汽车 | 牵引车以外 | | 牵引车 | |
| GVW范围 | | 14t以下 | 超过14t | — | 20t以下 | 超过20t | 20t以下 | 超过20t |
| 行驶比例 | 上段:市区模式 | 0.9 | 0.65 | 1.0 | 0.9 | 0.7 | 0.8 | 0.9 |
| | 下段:城间模式 | 0.1 | 0.35 | 0.0 | 0.1 | 0.3 | 0.2 | 0.1 |

日本汽车的燃料消耗量限值在历史上经历了四次修改：1979 年制定 1985 目标，1993 年制定 2000 年目标，1999 年制定 2005 年目标，2007 年制定 2015 年目标。2005 年前的标准将汽车分为分 6 个质量段，1999 年第三次制定标准时，将汽车的分类进行了细化。2007 年第四次制定标准时，增加了中重型客货车辆的限值，成为世界上最早对中重型车辆燃料消耗量进行限制的国家，重型车及客车各质量段 2015 年的限值标准见表 3-8 ~ 表 3-11。

**11 人以上公共汽车** 表 3-8

| 质量段序号 | 车辆总质量范围(t) | 目标标准值(km/L) |
| --- | --- | --- |
| 1 | (6,8] | 6.97 |
| 2 | (8,10] | 6.30 |
| 3 | (10,12] | 5.77 |
| 4 | (12,14] | 5.14 |
| 5 | >14 | 4.23 |

**11 人以上一般客车** 表 3-9

| 质量段序号 | 车辆总质量范围(t) | 目标标准值(km/L) | |
| --- | --- | --- | --- |
| | | 班线客车 | 一般客车 |
| 1 | (3.5,6] | — | 9.04 |
| 2 | (6,8] | 6.97 | 6.52 |
| 3 | (8,10] | 6.3 | 6.37 |
| 4 | (10,12] | 5.77 | 5.70 |
| 5 | (12,14] | 5.14 | 5.21 |
| 6 | (14,16] | 4.23 | 4.06 |
| 7 | >16 | 4.23 | 3.57 |

**总质量 >3500kg 的货车**(牵引车以外) 表 3-10

| 质量段序号 | 车辆总质量范围(t) | 目标标准值(km/L) |
| --- | --- | --- |
| 1 | (3.5,7.5] | 10.83 |
| 2 | | 10.35 |
| 3 | | 9.51 |
| 4 | | 8.12 |

续上表

| 质量段序号 | 车辆总质量范围(t) | 目标标准值(km/L) |
|---|---|---|
| 5 | (7.5,8] | 7.24 |
| 6 | (8,10] | 6.52 |
| 7 | (10,12] | 6.00 |
| 8 | (12,14] | 5.69 |
| 9 | (14,16] | 4.97 |
| 10 | (16,20] | 4.15 |
| 11 | >20 | 4.04 |

**总质量>3500kg 的牵引车**　　　　　表 3-11

| 质量段序号 | 车辆总质量范围(t) | 目标标准值(km/L) |
|---|---|---|
| 1 | ≤20 | 3.09 |
| 2 | >20 | 2.01 |

### 3.1.3　欧洲部分国家

本节以欧洲经济委员会(ECE)成员国与欧盟(EEC)成员国的道路运输车辆能源消耗量测量方法为例进行分析。ECE 成员国与 EEC 成员国的车辆由 ECE 的法规(Regulation)和 EEC 的指令(Directive)加以控制。ECE 法规是 ECE 成员国根据协议自愿采用并相互认可的,EEC 指令则是要求 EEC 成员国强制执行并相互认可的。ECE 法规一般均有 EEC 指令与之对应,二者在技术内容上基本相同,但实施日期有所差别。

此外,ECE、EEC 对车辆的生产和销售开展生产一致性检查,用于保障所销售的车辆与提交型式认证试验的车辆具有一致的性能。在成批生产的车辆中随机抽取一辆车,被抽车辆部件须与已认证车型的部件一致,并接受工况试验和等速试验。如果试验值不超过型式认证数值的 10%,则认为该批产品的生产一致性合格。若超过 10%,则再抽取两辆车进行同样的试验。若此两辆车的试验值仍不能满足 10% 的要求,则认为该批产品的生产一致性不合格,制造厂必须采取措施保证生产的一致性。

ECE、EEC 也采用底盘测功机法来测量乘用车和轻型货车的燃料消耗量,该测量随排放认证试验同步进行。ECE、EEC 的测试方法中采用了反映欧洲汽车运行特征的 NEDC 循环工况,如图 3-7 所示,它是由 4 个城市驾驶循环工况(ECE-15 循环工况,见图 3-8)和 1 个市郊驾驶循环工况(EUDC 循环工况,见图 3-9)构成,ECE-15 和 EUDC 循环工况参数见表 3-12。在测试时先测定每种车型的排放物,再利用碳平衡法计算得到该车型以 L/100km 表示的燃油消耗量。

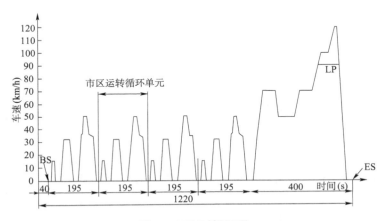

图 3-7 NEDC 循环工况

BS-取样开始;ES-取样结束;LP-低功率车辆

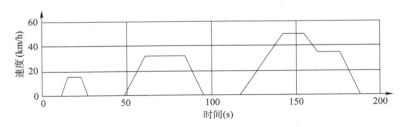

图 3-8 ECE-15 循环工况

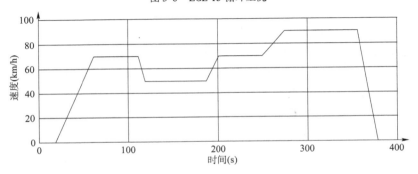

图 3-9 EUDC 循环工况

ECE-15 和 EUDC 循环工况特征参数　　　　表3-12

| 特征参数 | ECE 15 | EUDC |
|---|---|---|
| 距离(km) | 4×1.013=4.052 | 6.955 |
| 时间(s) | 4×195=780 | 400 |
| 平均速度(km/h) | 18.7（包括怠速） | 62.6 |
| 最大速度(km/h) | 50 | 120 |

# 3.2　我国车辆能源消耗量测量方法研究现状

## 3.2.1　传统车辆能源消耗量测量方法及限值要求

(1) 工业和信息化部对传统燃油车辆能耗的相关要求。

我国现行的关于汽车燃料消耗量测试方法的标准主要有《汽车燃料消耗量试验方法　第1部分:乘用车燃料消耗量试验方法》(GB/T 12545.1—2008)、《商用车辆燃料消耗量试验方法》(GB/T 12545.2—2001)和《轻型汽车燃料消耗量试验方法》(GB/T 19233—2020)。

对于轻型车辆,要求测量90km/h和120km/h等速油耗以及NEDC循环工况下的综合燃料消耗量。其中等速油耗的测量可以采用实车道路法或者底盘测功机法,而工况循环油耗的试验方法与欧洲类似,采用底盘测功机法和碳平衡法测量。

对于中重型车辆,需要测量等速行驶燃料消耗量和多工况循环燃料消耗量,两种测量均可以在道路或者底盘测功机上进行。其中等速行驶燃料消耗量试验要求从20km/h开始,以车速10km/h的整数倍均匀选取车速,直至最高车速的90%,至少测定5个车速。而多循环工况测试中,针对载货汽车和城市公共汽车分别提出了不同的试验规程。其中载货汽车采用"六工况法"来测量其燃料消耗量,六工况法测试循环如图3-10所示,主要参数见表3-13。城市公共汽车采用"四工况法"来测量其燃料消耗量,四工况法测试循环如图3-11所示,主要参数见表3-14。

# 纯电动道路运输车辆能源消耗研究现状 第3章

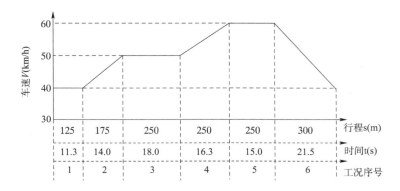

图 3-10 六工况法测试循环图

**六工况法循环试验参数表**　　　　　　　　　　　表 3-13

| 工况序号 | 行程(m) | 时间(s) | 累计行程(m) | 车速(km/h) | 加速度(m/s²) |
|---|---|---|---|---|---|
| 1 | 125 | 11.3 | 125 | 40 | — |
| 2 | 175 | 14.0 | 300 | 40~50 | 0.2 |
| 3 | 250 | 18.0 | 550 | 50 | — |
| 4 | 250 | 16.3 | 800 | 50~60 | 0.17 |
| 5 | 250 | 15.0 | 1050 | 60 | — |
| 6 | 300 | 21.6 | 1350 | 60~40 | 0.26 |

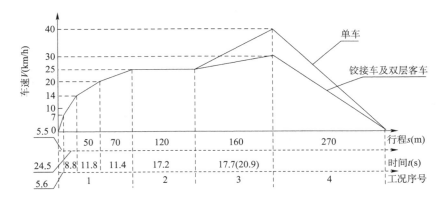

图 3-11 四工况法测试循环图

> 47 <

**四工况法循环试验参数表**　　　　　表3-14

| 工况序号 | 运转状态（km/h） | 行程（m） | 累积行程（m） | 时间（min） | 挡位 | 换挡车速（km/h） |
|---|---|---|---|---|---|---|
| 1 | 0~25 换挡加速 | 5.5 | 5.5 | 5.6 | Ⅱ—Ⅲ | 6-8 |
|  |  | 24.5 | 30 | 8.8 | Ⅲ—Ⅳ | 13-15 |
|  |  | 50 | 80 | 11.8 | Ⅳ—Ⅴ | 19-21 |
|  |  | 70 | 150 | 11.4 | Ⅴ |  |
| 2 | 25 | 120 | 270 | 17.2 | Ⅴ |  |
| 3 | 25~40 | 160 | 430 | 17.2 | Ⅴ |  |
| 4 | 减速行驶 | 270 | 700 | — | 空挡 |  |

随着我国城市化进程以及高速公路建设的加快,六工况法及四工况法已经不能完全反映我国货车和公交车的运行特点,基于此种方法测量的汽车燃料消耗量与实际使用中的油耗有很大的差距。因此,亟需提出新的适合我国汽车运行特征的中重型车辆燃料消耗量测试方法。

2021年2月20日,工业和信息化部组织制定的《乘用车燃料消耗量限值》(GB 19578—2021)由国家市场监督管理总局、国家标准化管理委员会批准发布,于2021年7月1日起正式实施。该标准规定了燃用汽油或柴油燃料、最大设计总质量不超过3500kg的$M_1$类车辆今后一个时期的燃料消耗量限值要求,是我国汽车节能管理的重要支撑标准之一。

(2)交通运输部对营运车辆能耗的相关要求。

①传统燃油车燃料消耗量测试方法。

交通运输部2008年7月16日颁布的《公路、水路交通实施〈中华人民共和国节约能源法〉办法》第十条规定:各级人民政府交通运输主管部门应当严格执行交通运输营运车船燃料消耗量限值国家标准,组织建立交通运输营运车船燃料消耗检测体系并加强对检测的监督管理,确保交通运输营运车船符合燃料消耗量限值国家标准。

2008年,交通运输部立项制定《营运客车燃料消耗量限值及测量方法》(JT 711—2008)和《营运货车燃料消耗量限值及测量方法》(JT 719—2008),结合我国国情,提出了基于营运车辆行驶工况的等速油耗加权平均的限值指标计算方法、基于营运车辆燃料消耗量特征的车型分类方法以及各类营运车辆第一阶段和第二阶段限值等。

2009年6月22日,交通运输部依据《中华人民共和国节约能源法》和《中华人民共和国道路运输条例》,结合交通运输部2009年第6号令《道路货物运输及站场管理规定》、第9号令《道路危险货物运输管理规定》和第10号令《道路旅客运输及客运站管理规定》,发布实施了《道路运输车辆燃料消耗量检测和监督管理办法》(中华人民共和国交通运输部令2009年第11号)(以下简称《办法》),为实现节能减排总体目标提供了基础保障,在此背景下建立了基于两项强制性标准的营运车辆燃料消耗量准入机制,同时由交通运输部公路科学研究院作为技术支持单位,建章立制、配置资源、有效落实,为营运车辆的节能降碳把好了源头关。

2016年1月29日,交通运输部发布了《道路运输车辆技术管理规定》(中华人民共和国交通运输部令2016年第1号),对车型的基本条件要求中明确提出,其燃料消耗量限值应当符合JT 711、JT 719的要求。

同年,交通运输部立项对JT 711和JT 719两项标准进行了修订,在原有等速工况基础上,增加了加速工况和怠速工况,并重新确定了各工况权重系数,明确了营运车辆第三阶段和第四阶段的燃料消耗量限值,正式发布了《营运客车燃料消耗量限值及测量方法》(JT/T 711—2016)和《营运货车燃料消耗量限值及测量方法》(JT/T 719—2016)。

②天然气车辆燃料消耗量测试方法。

除了上述关于燃油营运车辆燃料消耗量的测量方法及限值要求,我国针对天然气营运车辆也开展了相关研究。燃料消耗量是评价天然气汽车经济性的重要指标之一,是体现天然气汽车技术水平的重要指标,也是目前行业亟需进行约束和管理的领域。在进行交通运输部节能减排专项资金补贴天然气汽车应用项目的审核中发现,不同企业天然气汽车的百公里燃料消耗量相差甚远,给行业管理部门和运输企业带来了很大的困扰。如何评价和检测天然气汽车的燃料消耗量成为目前行业亟待解决的技术难题。

因此,交通运输部公路科学研究院于2014年承担了交通运输部建设科技项目《天然气汽车在道路运输行业运用关键技术研究与示范》,对天然气汽车燃料消耗量测量方法及限值进行了深入研究;在分析我国天然气汽车应用情况及燃料消耗量现状的基础上,结合天然气汽车的结构和技术特点,对比现行的车辆燃料消耗量试验方法,分析各试验方法的优缺点、适用范围及条件,确定适用于天然气营运车辆的燃料消耗量试验方法,并确定试验条件和试验操作流程,确定适用于天然气汽车的燃料消耗量测量方法;通过道路试验分析营运车辆天然气与柴油燃料的替代比,参照现有燃油动力营运车辆燃料消耗量标准计算得出天然气动力营运车辆燃料消耗量限值;完成了营运天然气汽车燃料消耗量限值和测量方法标准相关的预研工作。2018年,交通运输部下达了《天然气营运客车燃料消耗量限值及测量方法》和《天然气营运货车燃料消耗量限值及测量方法》两个交通运输行业标准的修订计划,要求对当前国六标准车辆重新进行研究优化,形成标准的报批稿和编制说明。

## 3.2.2 纯电动汽车能源消耗量测量方法及限值要求

针对纯电动汽车的能耗,目前相关测试方法主要包括《电动汽车 能量消耗率和续驶里程试验方法》(GB/T 18386—2017)、单位载质量能量消耗量 $E_{kg}$ 计算方法和《电动汽车能量消耗率限值》(GB/T 36980—2018)三部分内容。

(1)《电动汽车 能量消耗率和续驶里程试验方法》(GB/T 18386—2017)。

《电动汽车 能量消耗率和续驶里程试验方法》(GB/T 18386—2005)是评价电动汽车经济性和续驶里程的测试方法。随着电动汽车技术进步,2015年该标准启动了修订,针对试验加载、商用车工况等进行了修改,形成了《电动汽车 能量消耗率和续驶里程试验方法》(GB/T 18386—2017)。这次修订参考 ECE R101 和 WLTP GTR 文件,对试验条件、操作规程等进行了修订,使该标准的使用能够更真实地反映电动汽车的经济性性能;对于纯电动客车,更新增加了中国典型城市公交循环工况和 C-WTVC 工况的相关内容;参考《轻型混合动力电动汽车能量消耗量试验方法》(GB/T 19753—2013)、《重型混合动力电动汽车能量消耗量试验方法》(GB/T 19754—2015)及《重型商用车辆燃料消耗量测量方法》(GB/T 27840—2011),统一了传统燃油汽车、混合动力电动汽车经济性工况。

适用于 $M_1$、$N_1$ 且最大设计总质量不超过 3500kg 的 $M_2$ 类车工况法为 NEDC 工况(图3-12),城市客车采用中国典型城市公交循环工况(图3-13)或 C-WTVC(图3-14)工况,其他车辆也采用 C-WTVC 工况。

计算续驶里程和能源消耗量时,根据不同试验工况,计算方法有所不同。

适用于 $M_1$、$N_1$ 且最大设计总质量不超过 3500kg 的 $M_2$ 类车工况的计算方法使用下式计算能源消耗量 $C$,单位为 Wh/km,计算结果按四舍五入圆整到整数:

$$C = \frac{E_{电网}}{D} \tag{3-2}$$

式中:$E_{电网}$——充电期间来自电网的能量,Wh;
　　　$D$——续驶里程,km。

中国典型城市公交循环工况的计算方法使用下式计算能源消耗量 $C$,单位为 Wh/km,计算结果按四舍五入圆整到整数:

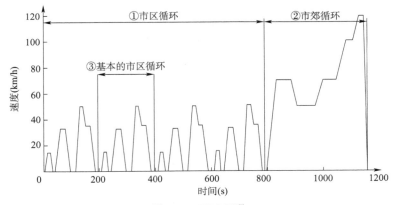

图 3-12　NEDC 工况

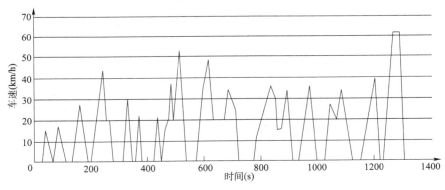

图 3-13　中国典型城市公交循环工况

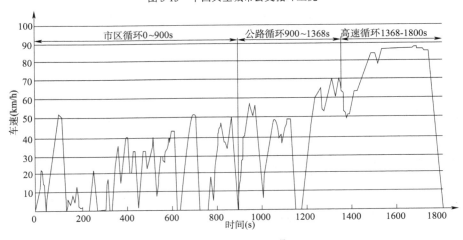

图 3-14　C-WTVC 工况

$$C = \frac{\int_{试验开始}^{试验结束} UI\mathrm{d}t}{\int_{移动开始}^{移动结束} UI\mathrm{d}t + \int_{试验开始}^{试验结束} UI\mathrm{d}t} \times \frac{E_{电网}}{D_{试验阶段}} \quad (3-3)$$

式中：$U$——车辆运行时电池端电压，V；

$I$——车辆运行时电池端电流，A；

$E_{电网}$——充电期间来自电网的能量，Wh；

$D_{试验阶段}$——试验阶段车辆驶过的距离，km。

（2）单位载质量能量消耗量 $E_{kg}$ 计算方法。

《关于2016—2020年新能源汽车推广应用财政支持政策的通知》（财建〔2015〕134号）文件附件3"单位载质量能量消耗量评价指标说明"提出"单位载质量能量消耗量（$E_{kg}$）"指标，该指标是我国新能源汽车补贴政策不断提高技术门槛的重要指标之一，也是现有《推荐车型目录》公告的参数中能够体现车辆经济性水平的指标，单位为 Wh/（km·kg），计算结果四舍五入至小数点后两位，计算公式如下：

$$E_{kg} = \frac{E}{M} \quad (3-4)$$

式中：$E$——电能消耗率，试验检测项，《电动汽车能量消耗率和续驶里程试验方法》（GB/T 18386—2017）中电动汽车试验中消耗的电能除以行驶里程所得的值，Wh/km；

$M$——附加质量，车辆基本参数，GB/T 18386 检测试验中的所需附加质量，kg。$M$ 具体计算方法如下：最大允许装载质量小于或等于180kg，附加质量等于最大允许装载质量；最大允许装载质量大于180kg，但小于360kg，附加质量等于180kg；最大允许装载质量大于或等于360kg，附加质量等于 1/2 最大允许装载质量。

（3）《电动汽车能量消耗率限值》（GB/T 36980—2018）。

为推动电动汽车节能降耗，实现我国新能源汽车产业健康发展，国家标准化管理委员会下达了《电动汽车能量消耗率限值》（GB/T 36980—2018）推荐性国家标准制订计划，与工业和信息化部一起组织中国汽车技术研究中心有限公司等单位开展标准起草工作。

《电动汽车能量消耗率限值》（GB/T 36980—2018）是2019年7月1日实施的一项国家标准，归口于全国汽车标准化技术委员会。标准规定了电动汽车能源消耗量限值。该标准适用于最大设计总质量不超过3500kg的 $M_1$ 类纯电动汽车。电能消耗量限值见表3-15。

## 第3章 纯电动道路运输车辆能源消耗研究现状

电动汽车电能消耗量限值（$M_1$类纯电动汽车） 表3-15

| 整车整备质量<br>（CM）（kg） | 车型电能消耗量限值<br>（第一阶段）（kW·h/100km） | 车型电能消耗量限值<br>（第二阶段）（kW·h/100km） |
| --- | --- | --- |
| CM≤750 | 13.1 | 11.2 |
| 750＜CM≤865 | 13.6 | 11.6 |
| 865＜CM≤980 | 14.1 | 12.1 |
| 980＜CM≤1090 | 14.6 | 12.5 |
| 1090＜CM≤1205 | 15.1 | 13.0 |
| 1205＜CM≤1320 | 15.7 | 13.4 |
| 1320＜CM≤1430 | 16.2 | 13.9 |
| 1430＜CM≤1540 | 16.7 | 14.3 |
| 1540＜CM≤1660 | 17.2 | 14.8 |
| 1660＜CM≤1770 | 17.8 | 15.2 |
| 1770＜CM≤1880 | 18.3 | 15.7 |
| 1880＜CM≤2000 | 18.8 | 16.1 |
| 2000＜CM≤2110 | 19.3 | 16.6 |
| 2110＜CM≤2280 | 20.0 | 17.1 |
| 2280＜CM≤2510 | 20.9 | 17.9 |
| 2510＜CM | 21.9 | 18.8 |

目前在纯电动汽车能耗测量方法方面，我国虽然发布了《电动汽车 能量消耗率和续驶里程试验方法》（GB/T 18386—2017）、单位载质量能量消耗量 $E_{kg}$ 计算方法和《电动汽车能量消耗率限值》（GB/T 36980—2018）等技术要求和相关标准，但是仍然存在如下问题：一是相关测量方法和计算都是基于续驶里程试验得出的结果，且能源消耗率和能源消耗量限值均为在进行续驶里程试验的同时，间接计算出的车辆能源消耗量，为车辆全部耗电过程的平均能源消耗量；二是国家标准所定试验工况与营运车辆的实际应用情况有所差别，电动客车和电动货车的细分领域也有不同的运行工况，且由于电动汽车特性，试验过程中需要结合环境温度、空调等电器开启情况；三是国家标准所规定的检测需将电量全部耗完，试验时间较长，耗费大量的人力、物力。

综上所述，随着纯电动营运客车和纯电动营运货车在行业内应用数量的不断增加，纯电动汽车已逐渐成为道路运输车辆技术管理的范围之一，需要纳入目前已有的道路运输车辆技术管理体系,在能耗测量方面,由于目前已有的电动汽车能耗测量方法并不完全适合于交通运输行业,亟需研究形成与《营运客车燃料消耗量限值及测量方法》(JT/T 711)、《营运货车燃料消耗量限值及测量方法测量方法》(JT/T 719)一脉相承的、科学合理的基于道路试验的纯电动道路运输车辆能耗测量方法。

## 3.3 本章小结

本章主要针对纯电动道路运输车辆能源消耗量测量的研究现状展开介绍,梳理分析了美国、日本、欧洲等国家和地区对车辆经济性要求的相关法律法规以及车辆在能量消耗量检测方面遵循的测量工况等内容;研究总结了我国传统燃油车辆的燃料消耗量限值要求,相关法律法规及涉及的标准;剖析了当前我国针对纯电动汽车制定的能源消耗量相关标准及测量方法;最后总结了当前在纯电动道路运输车辆能源消耗量测量方面存在的问题,说明了本文后续的研究目标和研究方法。

# 第4章　纯电动道路运输车辆运行特征分析

车辆运行工况又称汽车运转循环或汽车运行工况,是指某一类型车辆(如公共汽车、物流配送车辆等)在指定的具有代表性的特定环境(如城区路、城市快速路)下的运行速度-时间历程。运行工况是对车辆实际运行状况进行调查,在分析试验数据的基础上,运用统计学方法建立起来的反映车辆运行状态的车辆行程。车辆运行工况可用于车辆污染物排放量和能耗量的确定,同时,车辆的总成选型、参数匹配、性能优化也必须以合理的、符合实际的车辆运行工况作为基础。此外,整车的试验开发和性能验证也必须以车辆运行工况作为基础进行。交通控制方面的风险测定也需要有符合实际的能够反映不同区域运行特征的车辆运行工况来为其提供基础数据。

在开展纯电动道路运输车辆运行工况的研究之前,首先需要对纯电动道路运输车辆的运行特征开展研究,从而明确车辆在实际应用过程中的出行规律及运行情况,为运行工况的总结研究奠定基础。

## 4.1　纯电动道路运输车辆运行特征研究方法

科学准确的车辆运行数据是进行行驶工况研究的基础,因此,在建立纯电动道路运输车辆的行驶工况之前,首先需要精心设计纯电动道路运输车辆运行数据的获取方式,使采集的试验数据能够真实反映车辆的实际行驶特征。

### 4.1.1　试验设计

车辆的运行数据采集试验方法设计是指在确定试验车辆和数据采集仪器的基础上,确定一种可行的驾驶员驾驶行为或者车辆运行方式采集数据,使采集的试验数据最大限度地反映车辆实际运行状态。目前针对传统燃油车常用的数据采集方法包括以下三类。

(1) 平均车流法(也称为代表工况法)。该方法的具体实现过程为在试验时间段内,由试验人员驾驶试验车辆,随着平均车流在规划的试验道路上行驶,不进行刻意的加减速操作。该方法操作过程简单方便,具备一定的主动性,但是需要在试验之前对试验的路线和时间进行详细规划,试验中容易受到前车"驾驶指示"的影响,不能够准确地反映试验车辆本身的实际运行特征。

(2) 车辆追踪法。该方法的具体实现过程为试验中驾驶员驾驶试验车辆跟踪前方目标车辆,并测量被跟踪车辆的行驶数据。试验前将试验区域划分为几个测试范围,追踪的目标车辆为前方行驶的任意运行车辆,当目标车辆驶出测试范围时,改换另一辆车辆作为目标车辆。车辆追踪法具有很大的随意性,由于试验时目标车辆均为随机选取,无法控制目标车辆的运行路线,不能确定最终的试验道路类型是否覆盖试验地区的所有道路类型。此外,该方法对驾驶员的驾驶技能要求较高,在跟车过程中有一定的不安全因素。

(3) 自主行驶法。该方法的具体操作为驾驶员按照各自目的地正常驾驶车辆自主行驶,此方法具有很强的随意性。采用自主行驶法在试验之前不需要对试验时间和试验路线进行规划,操作方便。其优点是车辆在试验中与正常使用状态一致,能够采集到车辆正常运行状态的行驶特征数据。但是此方法具有一定的局限性,不能针对特定的道路类型,也不能提供位置、交通流等信息,且试验周期长,消耗人力物力大,试验成本较高。

本书的研究对象为纯电动城市公交车和纯电动城市物流配送车,在运行条件方面,这两类车具有以下运行特点。

(1) 平均行驶速度较低。城市交通拥堵现象日益严重,使得这两类车辆的行驶速度偏低。

(2) 急速比例高,稳态行驶状态比例小,多处于加、减速过渡工况。城市公交和物流配送车辆在每天的工作循环中,途经众多的公交站点或配送站点,以及红绿灯交通信号路口,导致车辆急速时间较长,加减速频繁,尤其处在交通高峰期的拥堵路段时,加减速更为频繁。

(3) 制动频繁。纯电动公交车和城市物流配送车运行过程中途经的城市道路交通情况复杂,车流量大且成分复杂,机动车、电动自行车、自行车以及行人混行严重。此外,一些行人及驾驶员法律意识淡薄,长期不遵守道路交通法规,行人横穿马路、翻越栅栏,车辆违法停车、掉头现象时有发生,这些情况都导致车辆在运行中被迫频繁制动。

结合上文对纯电动道路运输车辆运行特点的分析,综合对比传统的三种试验方法,两类车辆的运行线路和运行时间较为固定,因此,自主行驶法显然不适用于对这两类车辆的试验;平均车流统计法具有操作简洁的优点,但是该方法具有很大的主观性,且纯电动道路运输车辆的实际运行与平均车流运行差异性较大,所以该方法也不适用;车辆追踪法虽然具有一车多用的优势,但是由于采样车并非试验车辆本身,故采集到的数据的准确性大打折扣,不适宜做精确计算。

在借鉴上述三种方法的基础上,考虑到纯电动道路运输车辆与传统燃油车的一个较大的差别是,纯电动车辆具有较为完善的车载数据采集和运营监控平台,同时综合考虑纯电动道路运输车辆运行特点,本书提出了"监控平台信息采集"的方法。该方法为选择运行规律性较强、时间较长、信息上传完整的车辆,直接从纯电动道路运输车辆的监控平台上采集相关运行数据。该方法的优点包括:采集的数据为车辆运行的真实数据,具有很强的科学性;操作简便,可行性强;此外,采用该方法进行数据采集,不影响车辆的正常运营,不会给运输企业带来经营方面的负担。

## 4.1.2 运行数据采集参数的设置

1)数据指标

纯电动道路运输车辆的数据采集指标主要包括静态指标和动态指标两种,其中静态指标主要指车辆本体的固定指标,不需要进行实时监控采集,主要包括车辆的车型、车架号、载质量、车长、车重等相关参数,这些参数一般都可通过部分销售网站、工业和信息化部的车辆公告网站以及交通运输部的道路运输车辆技术服务网等网站获取。动态指标则主要指与车辆运行过程相关的数据指标,需要进行实时监控,车辆工况试验的目的是记录与车辆运行相关的各种参数,主要针对动态指标,包括:车辆的行驶参数,如车速、挡位情况、制动器使用情况、行驶时间、行驶里程;电机运转参数,如电机转速、电机输出转矩、电机温度、电机功率等;动力蓄电池参数,如电池剩余电量(SOC)、电压、电流、电池温度、单体最高电压、单体最低电压等;车载附件的使用参数,如空调、刮水器、灯光、车窗除霜、座椅加热等电气系统使用情况。反映车辆实际行驶状况的数据种类繁多,以上这些参数并不是都需要记录,过分追求数据细节在行驶工况的测试中不仅没有实际意义,而且过多的参数会带来一些负面影响。一方面,大量的参数必然会增加试验仪器的结构和成本;另一方面,繁杂的数据也不便于后期的分析处理。针对不同的研究对象,采集的车辆行驶参数类型各不相同。

本书所述试验的目的是测量纯电动道路运输车辆在实际运营中的速度-时间曲线和相应的速度、加速度分布特征,以及车辆在运行过程中的能耗数据。因此,试验中主要采集了纯电动道路运输车辆的实时行驶速度、时间、里程、动力蓄电池SOC等数据。

2）数据采集时段及频率

实际道路中的交通流调查结果显示,不同时间段内城市道路的交通流量和在其中行驶的车辆的运行状态差异很大。在上下班高峰期内,交通流量大、道路拥堵、车辆行驶速度低、加减速频繁;高峰期以外的时间段为非高峰期,此时交通状况良好,基本没有拥堵现象发生。交通流量的差异性不仅体现在一天之内不同时间段的流量不同,还体现在同一时刻工作日与非工作日流量的差别。

通过以上对时间与道路交通流量关系的分析可以看出,试验时间的规划直接影响到试验的科学性,试验时间的选择极其重要。为了使试验车辆能够体现真实的车辆运行状态,数据采集时间选定为全天,试验至少持续一周时间。采集时间段设置应确保获取的车辆运行数据基本覆盖拥堵、通畅、正常等城市道路交通的各种情况。

试验中数据采集的频率也是影响试验数据准确性的重要因素,数据分析时计算得出的加速度值为采样时间段内的平均加速度,相邻采样点的时间间隔直接决定了计算加速度值的大小。若采样时间间隔过大,则计算出的加速度值偏小,平滑了车辆运行过程中较大的加速度,不能体现车辆的急加减速过程;若采样时间过小,则试验数据量成倍增加,使得数据量变得十分庞大,且车辆的运行是一个相对平稳的过程,过于密集的数据采样实际意义不大。查阅车辆行驶工况研究的相关文献,结合监控平台数据上传时间间隔的要求,最终确定数据采样频率为30Hz(时间间隔为30s)。

3）数据采集持续时间

数据采集持续时间直接决定了采集的数据样本量的大小,考察采集数据样本量主要从两个角度进行分析:一是数据准确性与数据量的关系;二是试验数据特征值离散程度。

数据采集量与结果准确性的关系如图4-1所示,从理论上讲,数据采集量越大,则由数据分析得出的结果准确性越高。但是从图中可以看出,当数据量较少时,随着数据量的增多,数据准确性提高幅度明显,当数据量达到一定程度($n$点)后,准确性提高速度迅速减缓。因此,从实际的角度来看,数据采集应依据的原则为在条件允许的情况下尽可能多地采集数据,由于本书所述试验采集的数据量巨大,此条件可以满足。

此外,在确定数据采集持续时间时,也要从数据特征值离散程度的角度来考察数据样本量是否满足要求。应用统计学中的指标离散系数来评价试验数据样本的稳定性,计算方法为样本的标准差与平均值的比值。试验数据样本特征值的离散系数越大,则样本变异程度越大,稳定性越差。按照统计学的相关理论,只有当样本数据离散系数小于0.1时,才可以判定样本已经趋于稳定,否则,应当增加样本数量直至达到稳定性要求。数据稳定性的定量计算将在后续数据有效性分析中进行详细的说明。

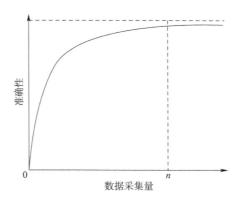

图4-1 数据采集量与准确性之间的关系

## 4.1.3 数据的预处理

在纯电动道路运输车辆运行数据上传的过程中,由于各种原因可能会导致数据的上传存在许多问题,如数据缺失、数据错误、数据跳变或数据不一致等,会造成数据集的不完整,这也是开展数据分析时最容易碰到的问题之一。为了让数据满足可分析的要求,需要对数据进行预处理,提高数据质量,完成缺失数据的填补、错误数据的修正、跳变数据的平滑,从而满足数据分析需要。

数据预处理的方法主要包括数据清理、数据集成、数据变换等。数据清理是科学填充缺失值、"光滑数据噪声"并精准识别离别点的过程。数据集成是通过合并来自多个数据存储的数据,利用科学的集成方法,减少数据冗余和数据不一致,提高数据分析的准确性和分析速度。数据变换则是将现有数据通过一定的方式变换成分析所需要的数据的过程。本书通过电动汽车运行监控平台采集纯电动道路运输车辆运行数据,每隔30s上传一次,采集的数据存储在平台服务器,并导出为excel格式。采集的数据包括车辆的车牌号、实时车速、采集时刻、经纬度、实时里程表数、实时SOC数据等。本书只研究车速、时间与车辆能耗的关系,因此,将经纬度数据删除。此外,后续数据分析中需要对车辆的加速度进行分析,而数据采集指标中未对加速度信号直接采集,因此必须计算出各个采集点的加速度,则每一条数据的结构的格式为"车牌号 + 采集时刻 + 车速 + 里程表示数 + SOC 示数 + 加速度"。加速度计算公式如式(4-1)所示。

$$a_i = \frac{V_{i+1} - V_i}{t_{i+1} - t_i} \times \frac{1000}{3600} = \frac{V_{i+1} - V_i}{3.6} \quad i = 1, 2, \cdots, k-1 \tag{4-1}$$

式中:$a_i$——第 $i$ 个采样点的加速度,m/s²;
$V_i, V_{i+1}$——第 $i$ 和第 $i+1$ 个采样点的车速,m/s;
$t_i, t_{i+1}$——第 $i$ 和第 $i+1$ 个采样点的时刻,s;
$k$——该段数据采样点数。

### 4.1.4 运行数据特征参数的提取

为了描述纯电动道路运输车辆运行工况的运行特征,为分析提供数学依据,需要提取一些表征其运动特征的准则参数。查阅相关文献,在借鉴之前研究的基础上,本书选取了速度、加速度、四种运行状态比例以及各速度区间比例等 19 个特征参数来全面地描述"微行程"的运动特征,特征参数符号及说明见表 4-1。这些特征参数是用于构建最终行驶工况的评价准则参数。

特征参数符号及说明　　　　　　表 4-1

| 序号 | 符号 | 意义 | 单位 | 备注 |
|---|---|---|---|---|
| 1 | $V_m$ | 平均速度 | km/h | 速度的平均值 |
| 2 | $V_{max}$ | 最大速度 | km/h | 车速最大值 |
| 3 | $V_{sd}$ | 速度标准差 | — | — |
| 4 | $a_{max}$ | 最大加速度 | m/s² | 加速度的最大值 |
| 5 | $a_{min}$ | 最小加速度 | m/s² | 减速度最大时的负加速度 |
| 6 | $V_{mr}$ | 平均行驶速度 | km/h | 除急速外的速度平均值 |
| 7 | $a_{sd}$ | 加速度标准差 | — | — |
| 8 | $P_a$ | 加速比例 | % | 加速度大于 0.15m/s² 所占比例 |
| 9 | $P_d$ | 减速比例 | % | 加速度小于 -0.15m/s² 所占比例 |
| 10 | $P_c$ | 匀速比例 | % | 加速度处于 ±0.15m/s² 之间且车速不为 0 所占比例 |

续上表

| 序号 | 符号 | 意　义 | 单位 | 备　注 |
|---|---|---|---|---|
| 11 | $P_i$ | 怠速比例 | % | 车速为0且加速度处于±0.15m/s²之间所占比例 |
| 12 | $a_m$ | 平均加速度 | m/s² | 车辆加速段加速度的平均值 |
| 13 | $d_m$ | 平均减速度 | m/s² | 车辆减速段减速度的平均值 |
| 14 | $P_1$ | 0~10km/h 速度段的比例 | % | — |
| 15 | $P_2$ | 10~20km/h 速度段的比例 | % | — |
| 16 | $P_3$ | 20~30km/h 速度段的比例 | % | — |
| 17 | $P_4$ | 30~40km/h 速度段的比例 | % | — |
| 18 | $P_5$ | 40~50km/h 速度段的比例 | % | — |
| 19 | $P_6$ | 50km/h以上 速度段的比例 | % | — |

注：本表中参数符号和意义适用于后续各章节，下文中出现时不做另行说明。

在数据处理过程中，对加速、匀速（巡航）、减速和怠速这四种运行状态按以下规则来处理。

加速工况：汽车加速度值大于或等于 $0.15m/s^2$ 的连续行驶过程；

减速工况：汽车加速度值小于或等于 $-0.15m/s^2$ 的连续行驶过程；

匀速工况：汽车加速度值处于 $(-0.15m/s^2, 0.15m/s^2)$ 范围内，且车速不为0的连续行驶过程；

怠速工况：发动机正常运转，车辆速度为0，且加速度处于 $(-0.15m/s^2, 0.15m/s^2)$ 范围内。

计算微行程的19个特征值时，微行程数据中包含了速度、加速度以及时间信息。设某一微行程长度为 $Ts$，由于微行程采样点按照自然秒（第1s，第2s，…，第 $ts$，…，第 $Ts$）采集，所以 $T$ 可表示微行程包含的采样点数目，$t$（$t$ 为1到 $T$ 之间的自然数）时刻的速度、加速度分别为 $v(t)$、$a(t)$，对应速度-时间曲线上的第 $t$ 个点，则微行程特征值的计算规则如下。

(1) 假设特征参数为 $T$、$T_a$、$T_d$、$T_c$、$T_i$。

$T$ 为微行程包含的采样点数目，$T_a$、$T_d$、$T_c$、$T_i$ 表示的采样点数目如式(4-2)~式(4-5)所示。

$$T_a = a(t) \geqslant 0.15 \text{m/s}^2 \qquad (4-2)$$

$$T_d = a(t) \leqslant -0.15 \text{m/s}^2 \qquad (4-3)$$

$$-0.15 \text{m/s}^2 \leqslant T_c = a(t) \leqslant 0.15 \text{m/s}^2 \text{ 且 } v(t) \neq 0 \qquad (4-4)$$

$$T_i = T - T_a - T_d - T_c \qquad (4-5)$$

(2) 特征参数 $P_a$、$P_d$、$P_c$、$P_i$。

$$P_a = \frac{T_a}{T} \qquad (4-6)$$

$$P_d = \frac{T_d}{T} \qquad (4-7)$$

$$P_c = \frac{T_c}{T} \qquad (4-8)$$

$$P_i = \frac{T_i}{T} \qquad (4-9)$$

(3) 特征参数 $V_m$、$V_{max}$、$V_{sd}$、$V_{mr}$。

$$V_m = \frac{\sum v(t)}{T} \quad t = 1, 2, \cdots, T \qquad (4-10)$$

$$V_{max} = \max\{v(t)\} \qquad (4-11)$$

$$V_{mr} = \frac{\sum v(t)}{T - T_i} \qquad (4-12)$$

$$V_{sd} = \sqrt{\frac{1}{T-1} \sum [v(t) - V_m]^2} \qquad (4-13)$$

(4) 特征参数 $a_{max}$、$a_{min}$、$a_{sd}$、$a_m$、$d_m$。

$$a_m = \frac{\sum a(t)}{T} \qquad (4-14)$$

$$a_{max} = \max\{a(t)\} \qquad (4-15)$$

$$a_{min} = \min\{a(t)\} \qquad (4-16)$$

$$a_{sd} = \sqrt{\frac{1}{T-1} \sum [a(t)]^2} \qquad (4-17)$$

$$a_m = \frac{\sum a(t)}{T} \quad \sum a(t) \geqslant 0.15 \qquad (4-18)$$

$$d_m = \frac{\sum a(t)}{T} \quad \sum a(t) \leqslant -0.15 \qquad (4-19)$$

(5) 特征参数 $P_1$、$P_2$、$P_3$、$P_4$、$P_5$、$P_6$。

$P_1$、$P_2$、$P_3$、$P_4$、$P_5$、$P_6$ 表示的点数如式(4-20)所示。

$$P_k = \frac{0 < v(t) \leq 10k}{T} \quad k = 1,2,3,4,5,6 \quad (4\text{-}20)$$

特征值的计算可采用 MATLAB 软件完成。

## 4.2 纯电动道路运输车辆运行数据采集

在明确纯电动道路运输车辆运行特征数据采集方法的基础上，为保障运行工况和测试方法研究的科学性及与实际运行情况的符合性，需选取符合要求的车辆运行监控平台进行数据的采集获取。

目前，我国的新能源汽车监控平台主要包括企业监测平台、地方监测平台和国家监测平台三类。其中企业监测平台是新能源汽车生产企业的自有平台，新能源汽车的运行数据将实时传输至企业自有平台，用于企业对车辆的安全管理、危险预警和故障报警维修等。同时，按照国家要求，企业平台需要将公共领域的新能源汽车运行数据实时转发给地方监测平台，由地方监测平台进行信息统计和故障处理情况统计，并利用故障处理情况回溯完成对新能源汽车的质量监管。地方监测平台应实时转发车辆运行数据至国家监测平台，并进行统计信息和故障信息上报。此外，除企业—地方—国家三级架构数据传输外，企业也可直接将自有平台的监控数据传输至国家平台，并进行信息统计上报和故障处理上报。综合以上所述，我国新能源汽车监控平台如图 4-2 所示。

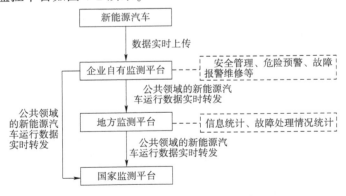

图 4-2 我国新能源汽车监管平台示意图

新能源汽车国家监测与管理中心由工业和信息化部授权，于 2016 年在北京理工大学正式成立。北京理工大学电动车辆国家工程实验室于 2003 年开始新能源汽车远程监控系统的研发与应用,并自2011年建设完成北京市公共领域新能源汽车监控管理平台,持续运行至今。依托电动车辆国家工程实验室在新能源汽车领域的专业人才与技术储备,结合北京理工大学在计算机、软件、大数据方面的学科交叉融合优势,按照《电动汽车远程服务与管理系统技术规范》(GB/T 32960—2016)要求,建设了新能源汽车国家监控管理平台。

2017年,国家监控管理平台正式上线试运行。2018年7月,国家监控管理平台接入量突破100万辆。截至2019年12月底,平台累计接入2931989辆新能源汽车,其中2019年共接入1324947辆,与2018年基本持平。2020年1月17日,国家监控管理平台对接的车辆超过300万辆。平台日上线率超过65%,实时在线率接近25%。

### 4.2.1　纯电动公交车运行数据采集

目前纯电动汽车的主流生产厂家如宇通、中通、比亚迪、北汽福田等,均已建立了自有的企业级新能源汽车监管平台,平台监控数据中的驱动电机数据,包括了驱动电机个数、驱动电机总成信息列表、驱动电机序号、驱动电机状态、驱动电机控制器温度、驱动电机转速、驱动电机转矩、驱动电机温度、电机控制器输入电压、电机控制器直流母线电流10项。整车数据,包括了车辆状态、充电状态、运行模式、车速、累计里程、总电压、总电流、SOC、DC/DC状态、挡位、绝缘电阻11项。极值数据,包括了最高电压蓄电池子系统号、最高电压蓄电池单体代号、蓄电池单体电压最高值、最低电压蓄电池子系统号、最低电压蓄电池单体代号、蓄电池单体电压最低值、最高温度子系统号、最高温度探针单体代号、最高温度值、最低温度子系统号、最低温度探针子系统代号、最低温度值12项。报警数据,包括最高报警等级、通用报警标志、可充电储能装置故障总数N1、可充电储能装置故障代码列表、驱动电机故障总数N2、驱动电机故障代码列表、发动机故障总数N3、发动机故障列表、其他故障总数N4、其他故障代码列表10项。车辆位置数据,包括定位状态、经度、纬度3项。发动机数据,包括发动机状态、曲轴转速、燃料消耗率3项。燃料电池数据,包括燃料电池电压、燃料电池电流、燃料消耗率、燃料电池温度探针总数、探针温度值、氢系统中最高温度、氢系统中最高温度探针代号、氢气最高浓度、氢气最高浓度传感器代号、氢气最高压力、氢气最高压力传感器代号、高压DC/DC状态。故障情况下的单体数据传输数据,包括可充电储能子系统个数、可充电储能子系统代号、可充电储能温度探针个数、可充电储能子系统各温度探针检测到的温度值、可充电储能装置电压、可充电储能装置电流、单体蓄电池总数、本帧起始蓄电池序号、本帧单体蓄电池总数和单体电压等12项。

本书以深圳市新源汽车运行数据监测服务平台为例进行分析。

## 4.2.2 新能源物流车运行数据采集

为支持新能源物流车大力发展,我国除在生产端予以补贴外,也开始在运营端予以补贴。深圳市是国内新能源物流车推广积极性最高的城市。2018年6月,深圳市交通运输局、发展改革委和财政局联合发布《深圳市现代物流业发展专项资金管理办法》(简称《办法》),其中提到在深圳拥有100辆以上纯电动物流配送车辆的企业,可以申领政府下发的运营补贴,每辆补贴不超过7.5万元。根据《办法》要求,要想获取新能源物流车运营补贴,申请资助的车辆在考核期内应按要求接入深圳市交通运输委纯电动物流配送车辆监管平台,即深圳市新能源汽车运行数据监测服务平台(简称深圳平台)。

为有序开展补贴发放工作,深圳市港航货运局发布《关于开展纯电动物流车运行监测数据接入工作的通知》,并对数据接入进度进行了统一安排。数据接入工作由深圳市航通北斗信息技术有限公司和深圳市新能源车辆应用推广中心负责。深圳平台是全国第一家新能源物流车第三方运营监控平台,在全国首创新能源物流车运行的深圳模式,采用硬件+平台对接方式,利用T-BOX技术直接从车辆获取第一手数据,充分保证了数据的可靠性和真实性。深圳平台功能模块如图4-3所示。

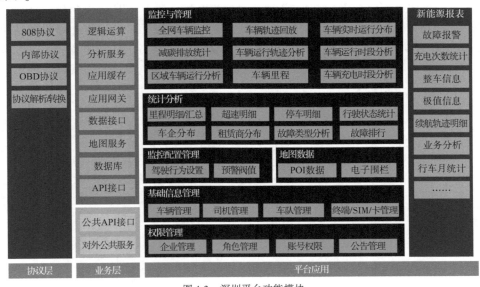

图4-3 深圳平台功能模块

截至2019年12月底,深圳平台累计接入26584辆新能源物流车,平台日上线率超过60%,实时在线率接近20%。

本书以深圳平台为例进行分析,选取200余辆纯电动物流配送车辆,获取了2019年全年的运行数据,所有数据条目超过10万条,将其作为后续研究的数据基础。

## 4.3 纯电动道路运输车辆运行特征

为更好地开展纯电动道路运输车辆运行工况相关研究,根据获取的车辆运行数据,对纯电动道路运输车辆的运行特征进行分析,能较为定性地了解纯电动道路运输车辆在其实际应用过程中的情况。

### 4.3.1 纯电动公交车运行特征

1)次均行驶时长

次均行驶时长代表纯电动公交车从出车到收车的单次行驶时长。总体来看,纯电动公交车次均行驶时长的集中度较高。次均行驶时长在1~1.5h的占比最高,为36%;其次为次均行驶时长在45~60min,占比为20%;3h以上的占比最少,为1%。次均行驶时长的平均值约为1.16h。城市公交车一般均按照规划线路行驶,具有较强的规划性和可预期性。公交企业在为车辆安排线路时会经过较为充分的论证,从而保障行驶时间和车辆续驶里程满足运营需求。纯电动公交车次均行驶时长具有较为长期的稳定性。纯电动公交车次均行驶时长分布如图4-4所示。

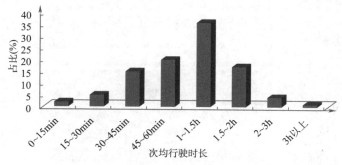

图4-4 纯电动公交车次均行驶时长分布

2)次均行驶里程

次均行驶里程代表纯电动公交车从出车到收车的单次行驶里程,总体来看,纯电动公交车次均行驶里程的集中度也相对较高,基本集中在 15～30km 之间。其中,次均行驶里程在 15～20km 和 20～25km 的占比均为 21%,占比最高;次均行驶里程在 25～30km 的占比为 16%,占比次高;次均行驶里程在 0～5km 的占比最少,为 2%。次均行驶里程的平均值约为 24.76km。这与公交车的使用性质密切相关。规律、可预见性的行驶线路,使得公交企业可以较为科学地规划车辆的单次行驶里程与车辆续驶里程之间的关系。与次均行驶时长类似,公交车的次均行驶里程也有较为长期的稳定性。纯电动公交车次均行驶里程分布如图 4-5 所示。

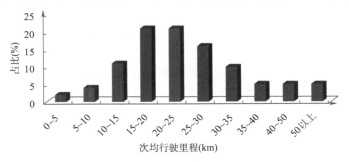

图 4-5　纯电动公交车次均行驶里程分布

3)次均行驶车速

次均行驶车速代表纯电动公交车从出车到收车的单次行驶平均车速,与次均行驶时长和次均行驶里程相比,纯电动公交车次均行驶车速相对分散:15～20km/h 车速的占比明显较高,为 38%;20～25km/h 车速占比次之,为 25%;绝大多数的次均行驶车速都集中在 10～50km/h,总体占比为 98%;小于 10km/h 车速和大于 50km/h 车速的占比均为 1%。次均行驶车速的平均值约为 21.0km/h。这与公交车的使用性质密切相关。受城市路况复杂、拥堵严重限制以及公交车停站较多、起停频繁影响,公交车的平均车速相对较低。纯电动公交车次均行驶车速分布如图 4-6 所示。

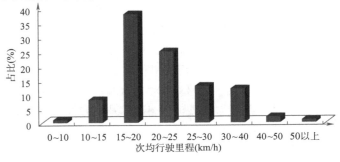

图 4-6　纯电动公交车次均行驶车速分布

### 4.3.2 纯电动物流车运行特征

1）次均行驶时长

次均行驶时长代表纯电动物流车从出车到停驶1h以上的单次行驶时长。总体来看，纯电动物流车次均行驶时长的集中度较高，基本集中在15~45min。其中，15~30min区间的占比最高，为39%；30~45min区间的占比次之，为31%；1.5h以上的占比最少，仅为1%。次均行驶时长的平均值约为32min。这是由物流车的使用性质所决定的。受城市物流配送车的可装容量限制，其装满货物后能够辐射的范围有限。一般来说，物流仓储和配送点之间的距离也不会太远，以保障物流的时效性和经营的高效性，因此，纯电动物流车的单次行驶时长相对较短。纯电动物流车次均行驶时长分布如图4-7所示。

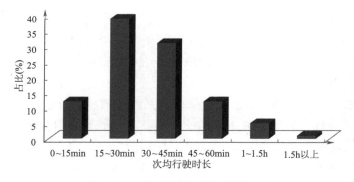

图4-7 纯电动物流车次均行驶时长分布

2）次均行驶里程

次均行驶里程代表纯电动物流车从出车到停驶1h以上的单次行驶里程。总体来看，纯电动物流车的次均行驶里程分布状态与纯电动公交车非常相近，但里程区间会有所不同。次均行驶里程在5~15km区间的占比较大，行驶里程在5~10km和10~15km区间的纯电动物流车占比均为25%；行驶里程在15~20km区间的纯电动物流车占比次之，为18%；行驶里程在30km以上的纯电动物流车占比最少，仅为3%。次均行驶里程的平均值约为13.12km。总体上纯电动物流车的单次行驶里程较短，其原因一方面与行驶时间相同，另一方面，也受限于当前纯电动物流车整车搭载的电池容量。为保障车辆的续驶里程，纯电动物流车一般采用装货时补电的方式，每次装卸货会停留一段相对较长的时间，因此，造成纯电动物流车的次均行驶里程较短。纯电动物流车次均行驶里程分布如图4-8所示。

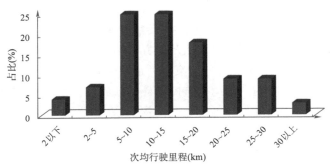

图 4-8 纯电动物流车次均行驶里程分布

3) 次均行驶车速

次均行驶车速代表纯电动物流车从出车到停驶 1h 以上的单次行驶平均车速。总体来看,纯电动物流车次均行驶车速相对分散,呈现较为明显的正态分布趋势。其中,行驶车速在 20~25km/h 区间的占比最大,为 29%;行驶车速在 25~30km/h 区间和行驶车速在 15~20km/h 区间的占比稍小,分别为 21% 和 19%;行驶车速在 50km/h 以上区间的占比最小,为 2%。次均行驶车速的平均值约为 22.5km/h。这也与物流车的使用性质密切相关。物流车在城市运行,受城市路况复杂、拥堵严重限制,总体速度偏低。但与纯电动公交车的频繁起停相比,纯电动物流车无须多次起停,因此其次均行驶车速相对较高。数据对比分析结果基本符合纯电动物流车的整体运行属性特征。纯电动公交车次均行驶车速分布如图 4-9 所示。

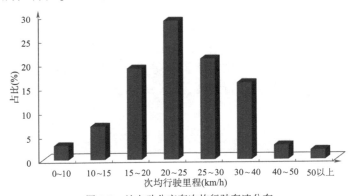

图 4-9 纯电动公交车次均行驶车速分布

## 4.3.3 纯电动道路运输车辆运行特征总结

通过对纯电动道路运输车辆运行特征研究方法的分析,运行数据采集来源的

选取以及对纯电动道路运输车辆运行特征的定性分析,可以发现如下特点:

(1)纯电动道路运输车辆在运行数据采集方面,相对传统燃油车有其天然优势,由于纯电动道路运输车辆享受国家及地方的购车补贴和运营补贴,其运行数据在车辆应用之初就需按照国家要求上传至"企业—地方—国家"三级运行监控管理平台。因此,通过纯电动汽车运行监控平台,可以完成对纯电动道路运输车辆运行数据的采集,进而对其运行特征和运行工况开展分析,方法可行,数据能够满足分析需求。

(2)受限于当前动力蓄电池能量密度及纯电动道路运输车辆的生产制造技术,纯电动道路运输车辆的续驶里程仍无法完全满足道路运输行业的运输需求,当前纯电动道路运输车辆基本应用于城市内运输业务,这一点与传统道路运输车辆基本在城际间行驶的情况有所不同。

(3)纯电动道路运输车辆在实际运行过程中体现出较强的规律性特点,运行情况相对稳定,单次行驶里程较短、平均速度较低,且同类车型车辆行驶里程、时间、速度都有相对规律性的分布。

## 4.4 本章小结

本章主要针对纯电动道路运输车辆的运行特征分析展开介绍,在纯电动道路运输车辆运行特征研究方法一节中,主要介绍了本书的试验设计方法、新能源汽车运行数据采集参数的设置、数据的预处理方式及加速度的计算方法,以及本书开展数据分析所需运行数据特征参数的提取方法等;之后介绍了我国现行的新能源汽车运行监控平台"企业—地方—政府"三级架构,并介绍了本书所需数据的采集来源;最后针对纯电动公交车和纯电动物流车等道路运输车辆的运行特征进行了深入分析,总结了这两类车辆的运行特征,为下一步运行工况的总结提取奠定基础。

# 第5章 纯电动道路运输车辆运行工况研究

通过对纯电动道路运输车辆运行特征的研究,发现《电动汽车 能量消耗率和续驶里程试验方法》(GB/T 18386—2017)规定的能源消耗量测量方法与道路运输车辆的实际运行工况存在一定的差异,难以准确地反映我国纯电动道路运输车辆的行驶特征及实际使用过程中的车辆能源消耗量。同时,该方法规定的测试工况用时比较长,测试方法不够便捷。为了科学地开展纯电动道路运输车辆的能源消耗量检测,本书在纯电动道路运输车辆运行特征研究基础上,拟建立符合纯电动道路运输车辆运行实际的纯电动道路运输车辆测试循环工况。工况开发从工况类型的选择、特征参数的确定以及测试工况的构建三方面来综合考虑。

## 5.1 运行工况的类型

为了使车辆测试工况能够真实反映车辆的实际运行情况,测试工况都是建立在对车辆实际运行特征的分析基础之上。在建立过程中有两种不同的方式:一种是基于车辆在真实道路上的运行数据,运转循环的构造过程仅仅是对车辆运行参数进行裁剪、拼接,来满足时间长度的要求;另一种方式是在车辆实际运行特征的基础上,人为地合成满足车辆实际运行状态的运转循环。采用前一种方式建立的汽车运转循环属于瞬态循环,而采用第二种方式建立的汽车运转循环则属于模态循环。

1)瞬态循环(Transient Driving Cycle)

由于瞬态循环完全基于实际道路条件,因此,这类汽车运转循环与车辆的正式运行状态最为接近,被广泛应用在车辆的燃料消耗量和排放性检测中。其中,最具代表性的当属美国联邦测试循环规程(FTP工况)。

与车辆实际行驶类似,瞬态循环中汽车的车速、加速度等特征参数随时都在发生变化,表现在循环曲线图上的特点为:整个运转循环曲线起伏不定,没有规律性可言。采用瞬态循环测量的车辆经济性、排放性数据具有很强的科学性,但瞬态循环对测试仪器及测试人员的技能要求很高,而且循环的可操作性和结果的重复性也较差。

2)模态循环(Modal Driving Cycle)

相比于瞬态循环,模态循环则是在真实道路条件的基础上人为合成的运转循环工况,以欧洲的ECE工况为代表,此外日本的10-15工况以及我国的四工况、六工况都属于模态循环工况。此类运转循环工况一般由怠速、匀加速、匀速、匀减速四种形式的工况段组合而成,而车辆在实际行驶中很难以这种理想的运动状态行驶,车辆往往都是处于一种参数随时都在变化的状态之中,因此,模态循环工况与汽车实际运行状态有一定差距,但模态循环工况在车辆的经济性和排放性测量试验中具有操作性强和试验结果重复性好的优势,欧洲各国和日本都采用这类工况。

目前,大型底盘测功机由于价格昂贵、精确度不高等原因导致其在我国客车企业和车辆检测机构的普及率较低,企业和检测机构在进行公共汽车等中重型车辆的燃料消耗量测试试验时,采用的方法为测量受检车辆在试验道路上按照四工况或者间隔均匀等速行驶的燃料消耗量,进而评价车辆的经济性。考虑到测试工况的操作性将直接决定工况的推广面,建立的工况在结构上采用模态形式,便于使无大型底盘测功机的检测机构也能按照开发的测试工况完成能源消耗量测试试验。

## 5.2 纯电动公交车测试工况的构建

在进行纯电动公交车能源消耗量测试工况构建之前,需要结合纯电动公交车实际运行特征确定工况的结构参数,这些结构参数直接决定工况中各运行状态的权重。

(1)速度参数:平均速度、平均行驶速度、最高速度;
(2)加速度参数:最大加速度、最大减速度、加速度平均值、减速度平均值;
(3)各行驶状态比例:怠速比例、加速比例、匀速比例、减速比例。

### 5.2.1 纯电动公交车速度参数分析

本书从深圳平台获取纯电动公交车的运行速度-时间相关数据,并根据数据获取时刻的电池SOC计数,将速度为0、电池SOC处于上升阶段的数据判定为车辆充电时间,将其在数据清理阶段予以剔除,对处理后数据进行统计分析。

1) 纯电动公交车运行速度-时间分布

纯电动公交车运行速度-时间的分布如图5-1所示。

由图5-1可见,纯电动公交车在整体运行过程中,速度为0的怠速时间点较多,这是由于纯电动公交车运行过程中频繁停站上下客以及城市运行中等待交通信号灯造成的。纯电动公交车整体运行的最高速度约为80km/h,在20~30km/h区间的速度点相对密集,这与4.3.1节中对纯电动公交车的运行特征分析基本吻合。

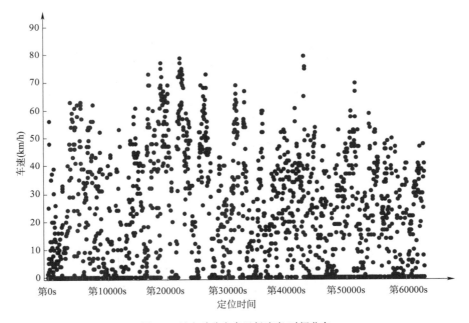

图5-1 纯电动公交车运行速度-时间分布

2) 纯电动公交车实际运行工况分析

本书以车辆的车牌号及信息提取的日期等静态数据对大数据进行聚类,开展纯电动公交车实际运行工况的分析。因数据中涵盖公交车车辆数及运行日期过于庞大,无法将分析结果一一呈现,以其中三辆车为例,其实际运行工况分别如图5-2~图5-4所示。

由图5-2~图5-4可见,纯电动公交车每日的运行时间可能会有所不同,但其在运行过程中的工况大致相同,呈现出典型的起停频繁、速度变化频率高、匀速行驶占比少、怠速占比多且有一定间隔性、平均速度不高等特点。这与4.3.1节中对纯电动公交车的运行特征分析基本吻合。

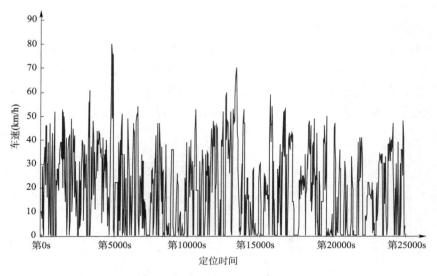

图 5-2　纯电动公交车实际运行工况 1

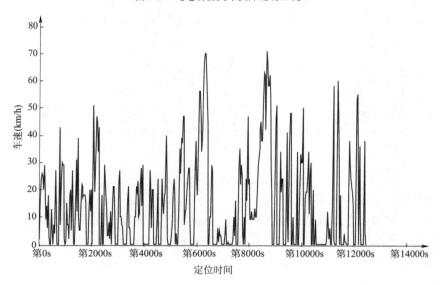

图 5-3　纯电动公交车实际运行工况 2

3）纯电动公交车运行平均速度及平均行驶速度分析

纯电动公交车的运行速度计算方法为纯电动公交车单次行驶周期内的平均速度，包含停站上下客、红绿灯路口等候等速度为 0 的时刻。纯电动公交车的平均行驶速度为去除速度为 0 的时刻后的平均速度。为保障计算的连续性，本书利用累积概率密度函数,对现有数据进行拟合,并以50%处的速度作为平均速度。纯电动公交车运行平均速度及平均行驶速度分析如图5-5所示。

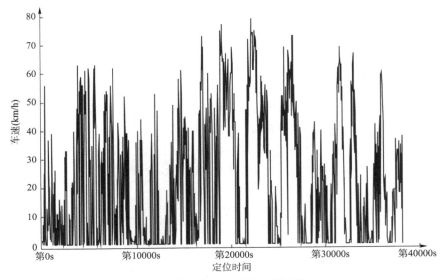

图5-4 纯电动公交车实际运行工况3

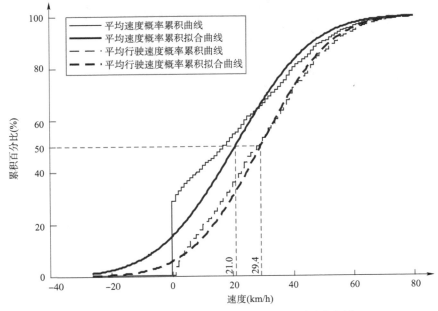

图5-5 纯电动公交车运行平均速度及平均行驶速度分析

由图 5-5 可见,累积概率密度曲线对现有数据的拟合情况较好,在累计概率密度为 50%的点上,纯电动公交车的平均速度为 21.0km/h,平均行驶速度为 29.4km/h。

### 5.2.2 纯电动公交车加速度参数分析

本书从深圳平台获取纯电动公交车的运行速度-时间相关数据,并根据数据获取时刻的电池 SOC 计数,将速度为 0、电池 SOC 处于上升阶段的数据认为是车辆充电时间,并予以剔除。根据式(4-1)对各速度点的加速度进行计算,完成数据的预处理,并最终对数据进行统计分析。

1) 纯电动公交车运行加速度-时间分布

纯电动公交车运行加速度-时间的分布如图 5-6 所示。

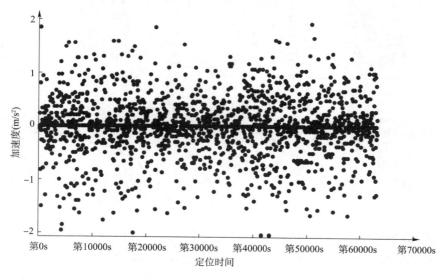

图 5-6　纯电动公交车运行加速度-时间分布

由图 5-6 可见,纯电动城市公交车加速度的出现频率较高,且以 0 为水平线基本呈现均匀分布。一方面,印证了纯电动公交车加减速频繁的工况;另一方面,也可定性认为纯电动公交车的加减速工况在运行工况中所占的比例相差不大。

2) 纯电动公交车运行加速度变化轨迹分析

同样以车牌号及日期对数据进行聚类,开展公交车运行加速度变化轨迹分析。仍以其中三辆车为例,纯电动公交车运行加速度变化轨迹分别如图 5-7 ~ 图 5-9 所示。

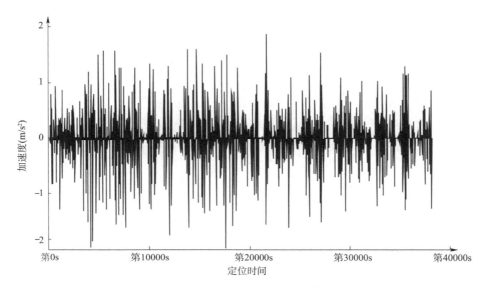

图 5-7　纯电动公交车运行加速度变化轨迹 1

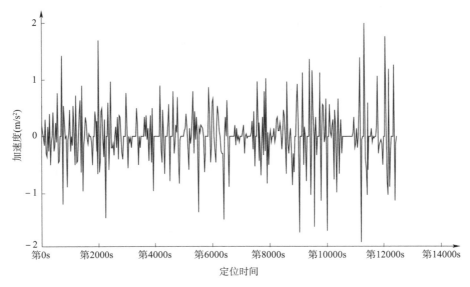

图 5-8　纯电动公交车运行加速度变化轨迹 2

由图 5-7 ~ 图 5-9 可见,纯电动公交车每日的运行时间可能会有所不同,但其在运行过程中的加速度变化轨迹大致相同,均呈现出以加速度等于 0 为水平线上下两侧基本均匀分布的情况。

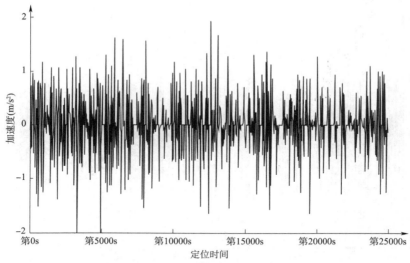

图 5-9　纯电动公交车运行加速度变化轨迹 3

3）纯电动公交车运行平均加速度及减速度分析

为更科学地计算纯电动公交车运行的平均加速度和平均减速度，本书利用累积概率密度函数，对现有数据进行拟合，并以 50% 处的加/减速度作为平均加/减速度。纯电动公交车运行平均加速度及减速度分析如图 5-10 所示。

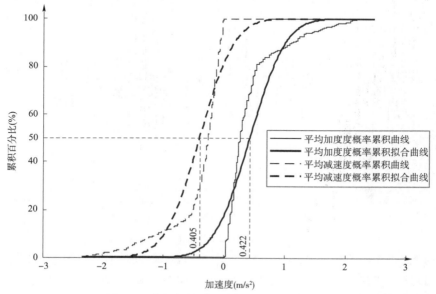

图 5-10　纯电动公交车平均加速度及减速度分析

由图 5-10 可见,累积概率密度曲线对现有数据的拟合情况较好,纯电动公交车的运行最大加速度为 1.95m/s²,最大减速度为 -2.01m/s²。平均加速度为 0.422m/s²,平均减速度为 -0.405 m/s²。

### 5.2.3 纯电动公交车行驶状态占比情况分析

为更科学准确地构建纯电动公交车能源消耗量测量工况,本书根据现有数据对纯电动公交车行驶状态占比情况进行了分析。在删除车辆停驶和充电等速度长时间持续为 0 的时刻后,将车辆行驶过程中出现的速度为 0 的时刻作为急速状态。在其他行驶过程中速度不为 0 的时刻中,将加速度处于 ±0.15m/s² 之间的时刻作为等速状态,将加速度大于 0.15m/s² 的时刻作为加速状态,将加速度小于 -0.15m/s² 的时刻作为减速状态。依据此原则,对现有数据进行统计分析,得出各行驶状态占比,具体如图 5-11 所示。

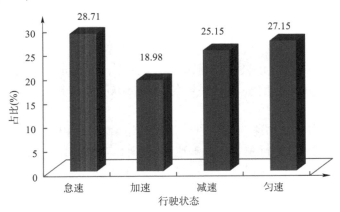

图 5-11 纯电动公交车行驶状态占比

由图 5-11 可见,纯电动公交车急速、加速、减速、匀速四种状态占比基本呈现较为均匀的分布态势,其中急速状态占比最大,为 28.71%,加速状态占比最小,为 18.98%。为进一步细化工况,明确匀速状态中各等速点所占比例,针对匀速时刻点进行更细致深入的分析。

根据纯电动公交车运行特征的分析,纯电动公交车的整体运行速度不高,虽然最高速度可达 80km/h,但瞬时速度超过 60km/h 的占比较少。基于此,将匀速运行数据的等速点划分为 10km/h、20km/h、30km/h、40km/h、50km/h、60km/h 六个等速点。在对瞬时速度进行聚类分析时,对小于 15km/h 的速度点聚类为 10km/h,对大于或等于55km/h的速度点聚类为60km/h,其他速度点采用四舍五入的原则进行响应等速点聚类。依据此原则,对现有数据进行统计分析,得出各等速点占比,具体如图5-12所示。

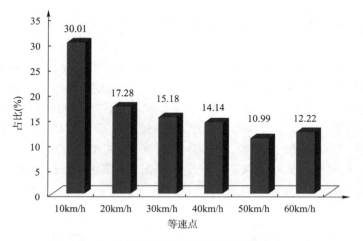

图5-12 纯电动公交车各等速点占比

由图5-12可知,纯电动公交车等速运行工况下,以10km/h匀速行驶的占比最大,为30.01%。其他速度基本呈现均匀分布,50km/h匀速行驶的占比最小,为10.99%。

将各等速点占比与加速、减速、怠速工况相结合,可以得出纯电动城市公交车在整体运行过程中,各类行驶状态及等速点的综合占比,并作为测量工况的权重分配依据。纯电动公交车各行驶状态占比如图5-13所示。

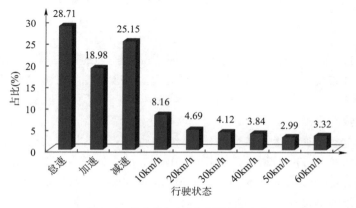

图5-13 纯电动公交车各行驶状态占比

## 5.3 纯电动物流车测试工况的构建

在进行纯电动物流车能源消耗量测试工况构建之前,也同样需要结合纯电动物流车实际运行特征确定工况的结构参数,结构参数的分类与纯电动公交车相同。

### 5.3.1 纯电动物流车速度参数分析

本书从深圳平台获取纯电动物流车的运行速度-时间相关数据,并根据数据获取时刻的电池 SOC 计数,将速度为 0、电池 SOC 处于上升阶段的数据认为是车辆充电时间,并予以剔除,随后对数据进行统计分析。

1)纯电动物流车运行速度-时间分布

纯电动物流车运行速度-时间的分布如图 5-14 所示。

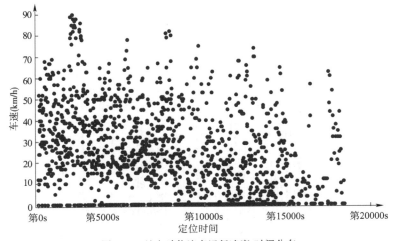

图 5-14 纯电动物流车运行速度-时间分布

由图 5-14 可见,纯电动物流车在整体运行过程中,与纯电动公交车情况类似,速度为 0 的怠速时间点较多,这是由于纯电动物流车运行在城市中,需要等待交通信号灯造成的。其运行的最高速度约为 90km/h,20～40km/h 的速度点相对密集,这与 4.3.2 节中对纯电动物流车的运行特征分析基本吻合。

2)纯电动物流车实际运行工况分析

与纯电动公交车的分析方法类似,选取车辆车牌号及运行日期为聚类指标,对数据进行分类,开展物流车实际运行工况分析。因数据中涵盖物流车车辆数及运行日期过于庞大,选取其中三辆典型车辆为代表,其实际运行工况分别如图 5-15 ~ 图 5-17 所示。

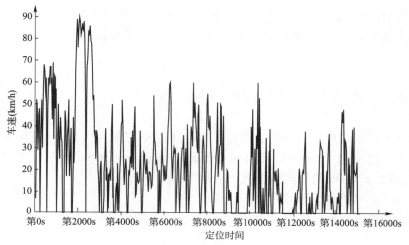

图 5-15　纯电动物流车实际运行工况 1

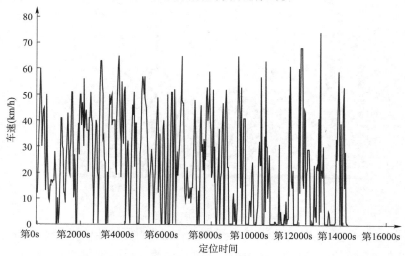

图 5-16　纯电动物流车实际运行工况 2

由图 5-15 ~ 图 5-17 可见,纯电动物流车每日的运行时间相差不多,运行过程中的工况也大致相同,呈现出典型的起停频繁、速度变化频率高、匀速行驶占比少、平均速度不高等特点。这与 4.3.2 节中对纯电动物流车的运行特征分析基本吻合。

# 纯电动道路运输车辆运行工况研究 第5章

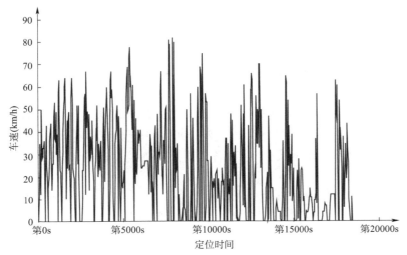

图 5-17  纯电动物流车实际运行工况 3

3）纯电动物流车运行平均速度及平均行驶速度分析

纯电动物流车的运行速度计算方法为纯电动物流车单日行驶周期内的平均速度，包含遇到拥堵、红绿灯等速度为 0 的时刻。纯电动物流车的平均行驶速度为去除速度为 0 的时刻后的平均速度。为保障计算的连续性，本书利用累积概率密度函数，对现有数据进行拟合，并以 50% 处的速度作为平均速度。纯电动物流车运行平均速度及平均行驶速度分析如图 5-18 所示。

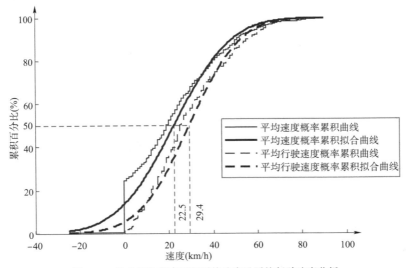

图 5-18  纯电动物流车运行平均速度及平均行驶速度分析

由图5-5可见,累积概率密度曲线对现有数据的拟合情况较好,纯电动物流车的平均速度为22.5km/h,平均行驶速度为29.4km/h。

### 5.3.2 纯电动物流车加速度参数分析

本书从深圳平台获取纯电动物流车的运行速度-时间相关数据,并根据数据获取时刻的电池SOC计数,将速度为0、电池SOC处于上升阶段的数据认为是车辆充电时间,并予以剔除。根据式(4-1)对各速度点的加速度进行计算,并最终对数据进行统计分析。

1) 纯电动物流车运行加速度-时间分布

纯电动物流车运行加速度-时间的分布如图5-19所示。

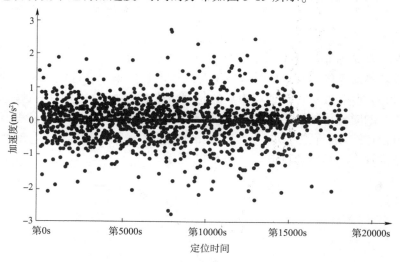

图5-19 纯电动物流车运行加速度-时间分布

由图5-19可见,纯电动物流车加速度出现频率较高,且以0为水平线基本呈现均匀分布。一方面,印证了纯电动物流车加减速频繁的工况;另一方面,也可定性认为纯电动物流车的加减速工况在运行工况中所占的比例相差不大。

2) 纯电动物流车运行加速度变化轨迹分析

仍以其中三辆典型车辆为例,开展纯电动物流车运行加速度变化轨迹分析,分析结果如图5-20~图5-22所示。

由图5-20~图5-22可见,纯电动物流车每日的运行时间差距不大,其在运行过程中的加速度变化轨迹也大致相同,均呈现出以 0 为水平线上下两侧基本均匀分布的情况。

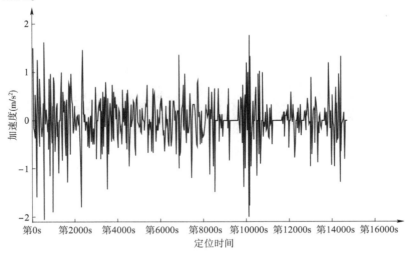

图 5-20　纯电动物流车运行加速度变化轨迹 1

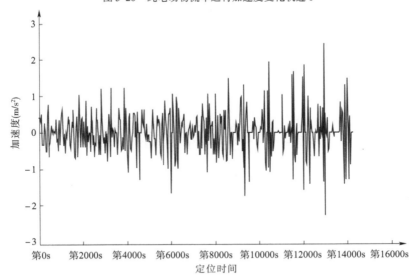

图 5-21　纯电动物流车运行加速度变化轨迹 2

3)纯电动物流车运行平均加速度及减速度分析

为更科学地计算纯电动物流车运行的平均加速度和平均减速度,本书利用累积概率密度函数,对现有数据进行拟合,并以 50% 处的加/减速度作为平均加/减速度。纯电动物流车运行平均加速度及减速度分析如图5-23所示。

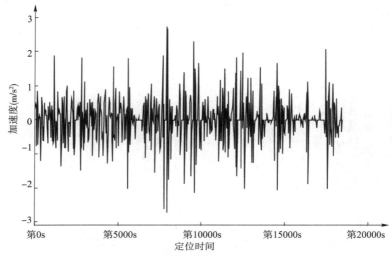

图5-22 纯电动物流车运行加速度变化轨迹3

由图5-23可见,累积概率密度曲线对现有数据的拟合情况较好,纯电动物流车的运行最大加速度为2.73m/s²,最大减速度也是-2.73m/s²。平均加速度为0.459 m/s²,平均减速度为-0.512 m/s²。

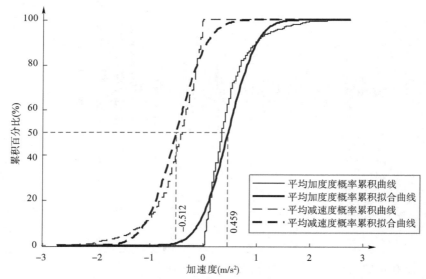

图5-23 纯电动物流车平均加速度及减速度分析

### 5.3.3 纯电动物流车行驶状态占比情况分析

为更科学准确地构建纯电动物流车能源消耗量测量工况,本书依据与纯电动公交车分析中相同的原则,对现有数据进行统计分析,得出各行驶状态占比,具体如图 5-24 所示。

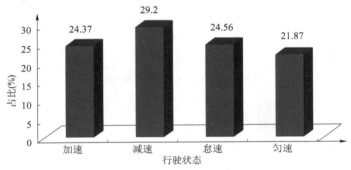

图 5-24 纯电动物流车行驶状态占比

由图 5-24 可见,纯电动物流车怠速、加速、减速、匀速四种状态占比基本呈现均匀的分布态势,其中减速状态占比最大,为 29.20%,匀速状态占比最小,为 21.87%。为进一步明确匀速状态中各等速点所占比例,需针对匀速时刻点进行进一步的统计分析。

根据纯电动物流运行特征的分析,纯电动物流车的整体运行速度相比纯电动公交车要高,但相差不大。虽然最高运行速度可达 90km/h,但瞬时速度超过 60km/h 的占比仍然较少。有基于此,将匀速运行数据的等速点划分为与纯电动公交车相同的 10km/h、20km/h、30km/h、40km/h、50km/h、60km/h 六个等速点。在对瞬时速度进行聚类分析时,对小于 15km/h 的速度点聚类为 10km/h,对大于等于 55km/h 的速度点聚类为 60km/h,其他速度点采用四舍五入的原则进行响应等速点聚类。依据此原则,对现有数据进行统计分析,得出各等速点占比,具体如图 5-25 所示。

由图 5-25 可见,纯电动物流车在等速运行工况下,10km/h 和 20km/h 等速运行的占比较大,分别为 28.37% 和 27.51%。50km/h 和 60km/h 等速运行的占比较小,分别为 8.6% 和 8.88%。

综合以上所述,得出纯电动物流车在整体运行过程中,各类行驶状态及等速点的综合占比,并作为测量工况的权重分配依据。具体如图 5-26 所示。

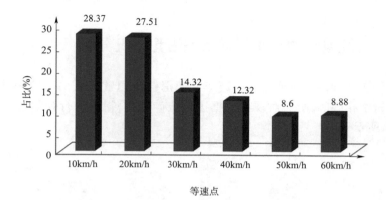

图 5-25　纯电动物流车各等速点占比

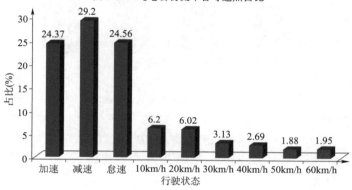

图 5-26　纯电动物流车各行驶状态占比

## 5.4　本章小结

本章主要针对纯电动道路运输车辆的运行工况开展研究,利用前期分析得出的纯电动公交车和纯电动物流车的运行特征及运行数据,深入开展纯电动道路运输车辆的工况构建,科学确定了运行工况的形式,分别针对纯电动公交车和纯电动物流车,开展了车辆运行速度参数分析、车辆运行加速度参数分析、车辆各行驶状态占比情况分析,得出纯电动道路运输车辆在整体运行过程中,各类行驶状态及等速点的综合占比,并作为测量工况的权重分配依据。

# 第6章 纯电动道路运输车辆能源消耗量影响因素及修正系数

针对纯电动道路运输车辆能源消耗量开展的研究,在构建符合当前实际使用情况的科学测试工况基础上,还应对纯电动道路运输车辆能源消耗量的影响因素及修正系数开展研究,一方面可以为研究编制科学的纯电动道路运输车辆能源消耗量测量方法提供参考,另一方面也可对不同试验环境下的修正系数进行规定。

## 6.1 纯电动道路运输车辆能源消耗量影响因素分析

电动汽车行驶的每一瞬间,电动机发出的功率总是等于机械传动损失与各种形式阻力所消耗的功率总和,这就是电动汽车的驱动力平衡方程。

汽车行驶过程中遇到的阻力主要有滚动阻力、坡度阻力、空气阻力和加速阻力四种。与汽车行驶的各阻力相对应,电动汽车运行所消耗的阻力功率包括滚动阻力功率、坡度阻力功率、空气阻力功率和加速阻力功率。

(1) 克服滚动阻力所消耗的滚动阻力功率 $P_f$ 为:

$$P_f = \frac{Gf\cos\alpha}{3600}v \tag{6-1}$$

式中:$G$——汽车总重力,N;
$f$——滚动阻力系数;
$\alpha$——路面坡度角,°;
$v$——车速,km/h。

(2) 克服坡度阻力所消耗的坡度阻力功率 $P_i$ 为:

$$P_i = \frac{Gf\sin\alpha}{3600}v \tag{6-2}$$

(3) 克服空气阻力所消耗的空气阻力功率为 $P_w$:

$$P_w = \frac{C_D A v^3}{3600 \times 21.15}v = \frac{C_D A v^3}{76140} \tag{6-3}$$

式中：$C_D$——空气阻力系数；
$A$——汽车的迎风面积，$m^2$。

(4) 克服加速阻力所消耗的加速阻力功率 $P_j$ 为：

$$P_j = \frac{\delta G v}{3600 g} j \tag{6-4}$$

式中：$\delta$——旋转质量换算系数；
$j$——加速度，$m/s^2$。

由以上可知，纯电动汽车功率可由式(6-5)表示。

$$P_e \eta_T = P_f + P_w + P_i + P_j \tag{6-5}$$

式中：$\eta_T$——传动系统的机械效率。

因此，可得出纯电动汽车的功率平衡方程式如式(6-6)。

$$P_e = \frac{1}{\eta_T} \left( \frac{G f v \cos\alpha}{3600} + \frac{G v \sin\alpha}{3600} + \frac{C_D A v^3}{76140} + \frac{\delta G v j}{3600 g} \right) \tag{6-6}$$

式中：$g$——重力加速度，$m/s^2$。

由式(6-6)可知，针对同一辆电动汽车，在平直道路上开展试验时，其能量传导效率、整车质量、迎风面积、道路坡度等因素均为定值，影响其能源消耗量的因素主要包括车辆运行速度及车辆运行过程中的温度两个方面。因此，为明晰不同速度、不同温度对纯电动车辆能源消耗量的影响，有必要针对这两个方面开展研究。

## 6.2 纯电动道路运输车辆能源消耗量的速度修正系数

传统燃油车的运行速度对车辆的百公里油耗具有较大影响，不同运行速度的百公里油耗差别较大。车辆在生产制造阶段，一般会由车辆生产企业对整车和发动机进行油耗标定，所标定出的百公里油耗较低的区间，被称为"经济车速"。一般来说，传统燃油车的经济车速为 80~100km/h。纯电动汽车因其整车构造、动力系统组成与传统燃油车存在根本性的改变，因此，不同车速对纯电动汽车能源消耗量的影响情况目前尚无定论。综上所述，本节重点针对纯电动道路运输车辆能耗的速度修正系数开展研究。

### 6.2.1 纯电动道路运输车辆速度-能源消耗量分布情况分析

1) 速度及能耗数据获取

在新能源汽车运行监控平台获取的数据中，与纯电动汽车能耗相关的指标为电池 SOC。但由于平台数据的上传频率为 30s,连续一段时间内,纯电动汽车的 SOC 不会发生变化。因此,纯电动汽车能耗数据的获取并非直接数据,而需要通过一定的原则进行统计计算。

有基于此,本书选取 SOC 变化起始的时刻作为起始计算点,SOC 每变化 3% 作为一个周期,选取 3% 变化的最后时刻作为最终计算点。在此周期内,计算车辆的平均速度和车辆在 3% 的 SOC 变化中行驶的总里程,并根据该车辆的带电总量计算 3% 的 SOC 变化所代表的电能消耗。综上,挑选部分典型车辆进行能耗数据的获取,最终获得纯电动道路运输车辆速度-能耗数据近 300 条,用于后期的统计分析。

2) 速度能耗分布情况统计

通过统计计算得出的纯电动道路运输车辆行驶平均速度和能源消耗量的分布情况如图 6-1 所示。

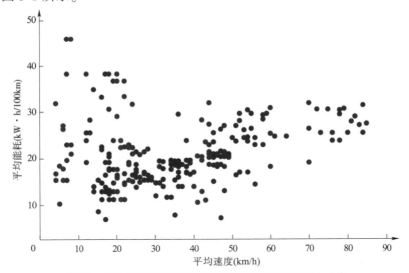

图 6-1 纯电动道路运输车辆行驶平均速度与能源消耗量分布

由图 6-1 可见,纯电动道路运输车辆的日常运行速度在 10~90km/h 之间,能源消耗量范围在 5~40kW·h/100km 之间。行驶速度较为密集的点在 10~30km/h 之间。

## 6.2.2 纯电动道路运输车辆能源消耗量的速度修正系数

综合纯电动公交车和物流车运行特征分析及测试工况分析,纯电动道路运输车辆绝大部分时间的运行速度在 0~60km 之间,测试工况的匀速状态设置为

10km/h、20km/h、30km/h、40km/h、50km/h、60km/h 六个等速点。因此，综合以上分析，将纯电动道路运输车辆速度修正的区间划分为 $v \leqslant 10$km/h，$10$km/h $< v \leqslant 20$km/h，$20$km/h $< v \leqslant 30$km/h，$30$km/h $< v \leqslant 40$km/h，$40$km/h $< v \leqslant 50$km/h，$50$km/h $< v \leqslant 60$km/h，$v > 60$km/h 七个区间。

基于计算得出的速度-能耗数据，以各区间为原则进行聚类分析，为保障数据的连续性和科学性，采用累积概率密度计算的方法计算各区间的速度平均值，具体计算情况如图 6-2 ~ 图 6-8 所示。

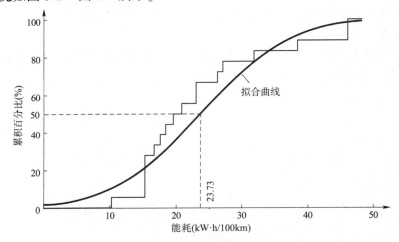

图 6-2　$v \leqslant 10$km/h 速度区间能耗累积概率密度分布

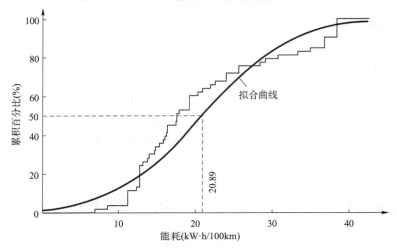

图 6-3　$10$km/h $< v \leqslant 20$km/h 速度区间能耗累积概率密度分布

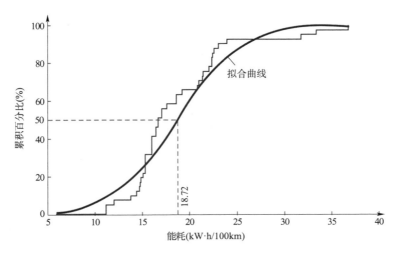

图 6-4　20km/h＜v≤30km/h 速度区间能耗累积概率密度分布

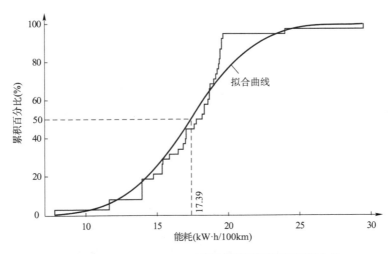

图 6-5　30km/h＜v≤40km/h 速度区间能耗累积概率密度分布

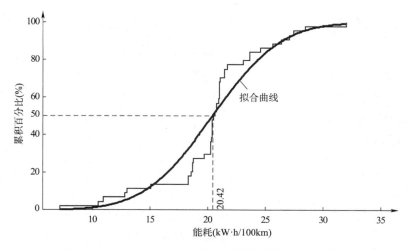

图 6-6　40km/h＜$v$≤50km/h 速度区间能耗累积概率密度分布

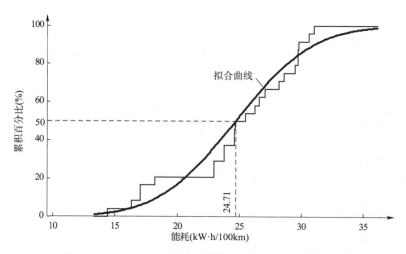

图 6-7　50km/h＜$v$≤60km/h 速度区间能耗累积概率密度分布

由图 6-2～图 6-8 可得到纯电动道路运输车辆在不同速度区间的平均能耗，在 30km/h＜$v$≤40km/h 速度区间的平均能耗最低，本书将该速度区间的能耗设定为 1，根据平均能耗值可确定各速度区间的修正系数，具体见表 6-1。

# 纯电动道路运输车辆能源消耗量影响因素及修正系数 第6章

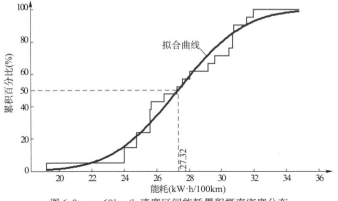

图 6-8 $v>60$ km/h 速度区间能耗累积概率密度分布

**各速度区间能源消耗量修正系数** 表 6-1

| 速度区间(km/h) | 平均能源消耗量(kW·h/100km) | 修正系数 |
| --- | --- | --- |
| $v \leqslant 10$ | 23.73 | 1.36 |
| $10 < v \leqslant 20$ | 20.89 | 1.20 |
| $20 < v \leqslant 30$ | 18.72 | 1.08 |
| $30 < v \leqslant 40$ | 17.39 | 1.00 |
| $40 < v \leqslant 50$ | 20.42 | 1.17 |
| $50 < v \leqslant 60$ | 24.71 | 1.42 |
| $v > 60$ | 27.32 | 1.57 |

## 6.3 纯电动道路运输车辆能源消耗量的温度修正系数

传统燃油车的运行环境温度对车辆的百公里油耗具有一定影响,但一般影响程度不大。但由于动力蓄电池的电化学特性,纯电动道路运输车辆的能源消耗量受运行环境温度的影响相比燃油车更大,尤其是低温影响更为显著。纯电动道路运输车辆的环境适宜性一直是国内外学者关注的重点。为保障纯电动道路运输车辆能源消耗量测量方法对环境温度的包容度,有必要针对温度修正系数开展研究。

### 6.3.1 纯电动道路运输车辆温度-能耗分布情况分析

1)温度及能耗数据获取

在新能源汽车运行监控平台获取的数据中,并未记录车辆的运行环境温度,因此,本书编写组通过国家气象中心获取了车辆运行日期当天的气象温度,并选取车辆运行单日作为计算周期,计算车辆在单日内共消耗的电量及行驶里程,获取车辆的日平均百公里能源消耗量,并记录该日期的环境温度。综上,挑选部分典型车辆进行能耗数据的获取,最终获得纯电动道路运输车辆速度-能耗数据100余条,用于后期的统计分析。

2)温度能耗分布情况统计

通过统计计算得出纯电动道路运输车辆日平均百公里能源消耗量及对应的温度情况,其分布情况如图6-9所示。

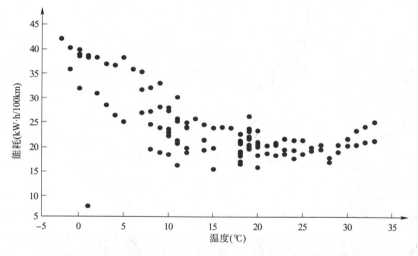

图6-9 纯电动道路运输车辆日平均百公里能源消耗量及对应的温度

由图6-9可见,纯电动道路运输车辆的运行环境温度在0~35℃之间,日平均能耗约在10~45kW·h/100km之间。能耗随温度的变化有较为明显的变化,呈较为明显的倒抛物线形态,且较低温度对能耗的影响明显高于较高温度的影响。

3)运行环境温度分布情况统计

为科学划分纯电动道路运输车辆能耗温度修正系数的温度划分区间,需要对纯电动道路运输车辆运行环境温度分布情况进行统计,如图6-10所示。

由图6-10可见,纯电动道路运输车辆的运行环境温度分布相对较为均匀,10℃和20℃占比相对较多,因此将10℃和20℃划分在两个不同的区间内,其他区间基本均匀分布。综上,将纯电动道路运输车辆能耗的温度区间划分为$T\leqslant5℃$、$5℃<T\leqslant15℃$、$15℃<T\leqslant25℃$、$25℃<T\leqslant30℃$和$T>30℃$五个区间。

# 纯电动道路运输车辆能源消耗量影响因素及修正系数 第6章

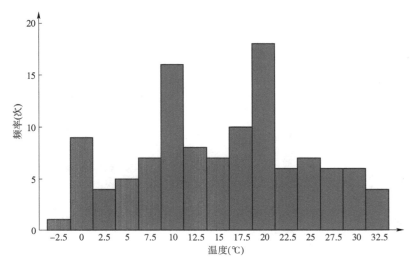

图 6-10 纯电动道路运输车辆运行环境温度分布

## 6.3.2 纯电动道路运输车辆能源消耗量的温度修正系数

基于计算得出的温度-能耗数据，以各区间为原则进行聚类分析，为保障数据的连续性和科学性，采用累积概率密度计算的方法计算各区间的速度平均值，具体计算情况如图 6-11 ~ 图 6-15 所示。

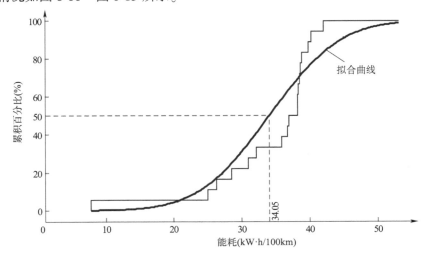

图 6-11 $T \leqslant 5℃$ 温度区间能耗累积概率密度分布

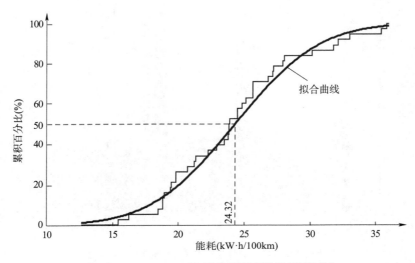

图6-12　5℃＜T≤15℃温度区间能耗累积概率密度分布

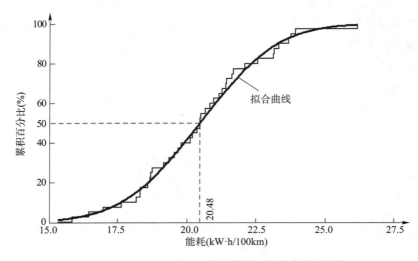

图6-13　15℃＜T≤25℃温度区间能耗累积概率密度分布

## 纯电动道路运输车辆能源消耗量影响因素及修正系数 第6章

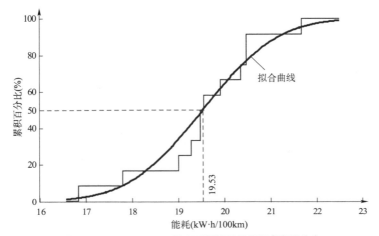

图6-14 25℃＜$T$≤30℃温度区间能耗累积概率密度分布

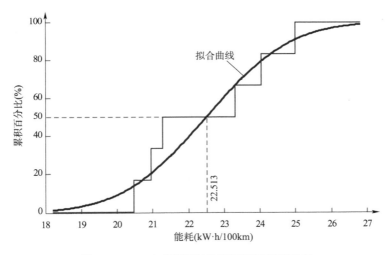

图6-15 $T$＞30℃温度区间能耗累积概率密度分布

由图6-11~图6-15可得到纯电动道路运输车辆在不同温度区间的平均能耗，在25℃＜$T$≤30℃速度区间的平均能耗最低，本书将该温度区间的能耗设定为1，根据平均能耗值可确定各速度区间的修正系数，具体见表6-2。

各温度区间能源消耗量修正系数　　　　　　　　　　　表6-2

| 温度区间 | 平均能源消耗量（kW·h/100km） | 修正系数 |
| --- | --- | --- |
| $T$≤5℃ | 34.05 | 1.74 |
| 5℃＜$T$≤15℃ | 24.32 | 1.24 |

续上表

| 温度区间 | 平均能源消耗量(kW·h/100km) | 修正系数 |
| --- | --- | --- |
| 15℃ < $T$ ≤ 25℃ | 20.48 | 1.05 |
| 25℃ < $T$ ≤ 30℃ | 19.53 | 1 |
| $T$ > 30℃ | 22.51 | 1.15 |

## 6.4　本章小结

　　本章主要针对纯电动道路运输车辆能源消耗量影响因素及修正系数开展研究,目的是为了解决检测中由于外部因素影响造成测量结果不准确的问题。先是利用传统的车辆动力学理论,分析了纯电动道路运输车辆能源消耗量的影响因素。之后利用现有数据,分别针对速度和温度两个影响最大的因素开展研究,确定了速度-能耗和温度-能耗的分布情况,并进一步确定了相应的修正系数。

# 第7章 纯电动道路运输车辆能源消耗量测试方法研究

## 7.1 汽车燃料消耗量测试方法分类

汽车的燃料消耗量测试主要指特定工况条件下测量汽车行驶一段时间或距离消耗的燃料量。按照特定工况条件的实现和控制方法的不同,汽车的燃料消耗量测试方法可以分为三类:道路试验法、转鼓试验法和模拟计算法。

### 7.1.1 道路试验法

1)基本原理

采用道路试验法测量车辆燃料消耗量的过程是由专业人员驾驶受检汽车按照规定的规程在试验道路上行驶,使用车载测量装置测得车辆消耗的燃料量,之后计算得到某一经济性指标。道路试验中汽车所受到的阻力与实际行驶阻力一致,油耗测量数据与用户使用实际最为接近。道路试验法包括离散等速燃料消耗量试验和连续工况循环燃料消耗量试验。

2)测试方法

离散等速燃料消耗量试验,即等速百公里油耗试验,是指测试汽车按照一定的稳定速度行驶一段距离所消耗燃料量的试验。试验中,受检车辆采用常用挡位,在试验道路上等速行驶。试验车速的设置为:以 20km/h 为起始速度 10km/h 为公差的一系列等差数列,直至速度达到车辆设计最高车速的 90%,试验车速至少设置 5 个速度,若受检车辆的最低稳定车速大于 20km/h,则试验起始车速设为 30km/h。试验时,要求车辆在每一个车速的试验往返进行两次,每次试验的平均测试车速与规定的车速之差不得超过 2km/h。一般中重型车辆的测试路段长度为 500m,而轻型车等速油耗测试要求测试路段长度至少为 2km。

道路试验完成后,测量得到受检车辆以稳定速度行驶通过特定测量路段 $D$ 的

燃料消耗量 $q$ 及通过此路段的时间 $t$ 后,按照公式(6-1)计算车辆的百公里燃料消耗量 $Q$:

$$Q = \frac{100q}{D} \qquad (7\text{-}1)$$

式中:$D$——试验路段的长度,m;
　　　$q$——车辆通过试验路段所消耗的燃料量,L。

受检车量的实际车速 $V(\text{km/h})$ 按下式计算:

$$V = \frac{D}{t} \times 3.6 \qquad (7\text{-}2)$$

式中:$D$——试验路段的长度,m;
　　　$t$——车辆通过试验路段的时间,s。

连续工况循环燃料消耗量试验是指测试车辆按照特定试验工况循环规定的速度要求运行一段距离所消耗燃料量的试验。试验时,试验人员应该按照测试循环的要求操作车辆,控制测试车辆的行驶速度,车速偏差应控制在2km/h以内,并记录车辆完成工况循环试验的燃料消耗量以及行驶里程、时间。完成一次试验循环运行后,驾驶员应迅速掉头,反方向继续进行试验。整个试验受检车辆应当往返行驶两次,得到四个测量结果,计算其平均值作为车辆的循环燃料消耗量测量值。试验完成后,通过测量的循环车辆所消耗的燃料量 $q$ 和循环行驶里程 $D$ 来计算车辆的百公里油耗,计算公式如下:

$$Q = \frac{q}{D} \times 100 \qquad (7\text{-}3)$$

式中:$q$——车辆的循环燃料消耗量,L;
　　　$D$——车辆循环行驶里程,km。

3)主要特点

道路试验法测量车辆燃料消耗量操作过程简单、易行,试验时车辆受到的阻力与实际行驶阻力一致,油耗测量数据可靠度高,而且设备费用低廉。

但道路试验法需要有符合规定的道路,试验时受到气象条件的限制;试验结果受道路条件、天气情况和试验人员的影响较大;且按照较复杂的工况循环试验时的操作误差大,造成测量结果的准确性下降。因此,道路试验法主要用于汽车稳态工况的燃料消耗量试验。

## 7.1.2　转鼓试验法

1)基本原理

转鼓试验法也称底盘测功机法,是以底盘测功机(转鼓试验台)作为活动路面,模拟车辆在实际道路行驶过程中的行驶阻力,测量车辆在规定试验规程下行驶的循环燃料消耗量的试验方法。

底盘测功机一般包括滚筒装置、功率吸收装置(即加载装置)、测量装置和辅助装置四个部分。滚筒装置的作用是模拟连续移动的路面,实现受检车辆车轮按照正常行驶滚动而车辆位置固定。功率吸收装置的作用是吸收和测量汽车驱动轮的输出功率,功率吸收装置也是一个加载装置,为滚筒装置加载阻力,模拟汽车在道路上行驶时受到的各种阻力,使受检车辆受力情况如同在道路上行驶一样。测量装置的作用是测量试验车辆的实时车速,为加载装置设置车辆行驶阻力提供依据。辅助装置主要包括各种控制、指示装置,作用是方便用户操作使用。

按照滚筒装置结构的不同,底盘测功机有单滚筒和双滚筒两种类型,单滚筒底盘测功机的滚筒直径较大,多在 1500～2500mm。滚筒直径越大,滚筒表面曲率越小,车轮在上面滚动时与在实际道路行驶时的状态越类似,因而测试精度高。但大滚筒底盘测功机制造和安装成本很高,此类底盘测功机一般用于高校、研究院所等科研单位。双滚筒底盘测功机的滚筒直径一般在 185～400mm 之间,由于滚筒曲率半径小,轮胎滚动与在平路上行驶时的状态差距较大,故测试精度低。但双滚筒测功机具有成本低,安装、使用方便等优点,因而在汽车维修企业及检测站使用较多。

采用转鼓试验法测量燃料经济性时,车辆在底盘测功机上运转,可以实现在室内进行试验,因此,可以相对容易地人为控制试验条件,减小周围不利因素对试验结果准确性的影响。此外,转鼓试验法通过功率吸收装置模拟车辆在道路上的行驶阻力,便于控制车辆行驶状况,能够进行复杂的工况循环试验,因而在汽车检测、维修行业得到广泛应用。

2)测试方法

采用底盘测功机法进行车辆燃料消耗量测试之前,首先需要根据汽车行驶的阻力情况进行底盘测功机的设置,以确保能够准确地模拟加载车辆的行驶阻力。因此,首先需要通过道路滑行试验对受检车辆的道路阻力进行测量,得到车辆阻力与车速的关系曲线。然后使用同样的方法测量车辆在底盘测功机上的阻力,在道路阻力的基础上减去底盘测功机上的滑行阻力,即得到测功机功率吸收装置需要加载的阻力曲线。

试验过程中,驾驶员根据测试工况循环的速度要求操作车辆,完成试验。通过底盘测功机记录车辆的速度和行驶距离,并通过燃料测量装置测量消耗的燃料量,根据实车道路法中相同的方法计算百公里燃料消耗量。

底盘测功机上的油耗测试也可以与排放测试同步进行,并通过碳平衡法计算车辆的燃料消耗量。

碳平衡法的理论基础是质量守恒定律,即汽(柴)油在发动机汽缸内发生化学反应前后,燃油中的碳元素总量与排气中的碳元素总量相等。汽车尾气中的碳原子主要以碳氧化物(一氧化碳、二氧化碳)和碳氢化合物($HC_x$)的形式存在。

不论按照何种运转循环进行油耗试验,假定汽车运行了 $L$ km,汽车平均油耗为 $FE$(km/L),燃油密度为 $SG$(kg/L),燃油中碳质量比为 CWFF,那么汽油中碳质量 $C_{汽油}$ 为:

$$C_{汽油} = \frac{1000 \times SG \times \text{CWFF} \times L}{FE} \quad (7\text{-}4)$$

汽车按照测试循环运转的排气中碳质量总量 $C_{排气}$ 为:

$$C_{排气} = (0.273 \times CO_2 + 0.429 \times CO + \text{CWFHC}_{ex} \times HC) \times L \quad (7\text{-}5)$$

式中:$CO_2$、$CO$、$HC$——排气中 $CO_2$、$CO$ 和 $HC_x$ 的排放量,g/km;

0.273、0.429——$CO_2$、$CO$ 中碳质量比率;

$\text{CWFHC}_{ex}$——碳氢化合物($HC_x$)中碳质量比率 $\times (12 + x)/12$。

由此,得到汽车平均油耗 $FE$ 计算公式:

$$FE = \frac{1000 \times SG \times \text{CWFF}}{0.273 \times CO_2 + 0.429 \times CO + \text{CWFHC}_{ex} \times HC}$$

3)主要特点

转鼓试验法不受道路、气象条件的限制,能够进行复杂的测试工况循环试验,可采用质量法、容积法、碳平衡法中的任一种方法测量燃料消耗量,操作灵活,试验准确性高。但能精确模拟车辆复杂行驶工况的底盘测功机价格昂贵,试验前需要对受测车辆的道路阻力情况进行预试验,过程比较复杂。而且,针对中重型车辆试验的底盘测功机滚筒直径很大,不仅成本极高,测量精度也受到影响。因此,目前轻型汽车的排放和经济性试验均采用底盘测功机法进行,重型车辆的燃料消耗量仍然普遍采用道路试验法。

### 7.1.3 模拟计算法

1)基本原理

模拟计算法是采用模拟计算的方法,根据发动机的油耗数据计算车辆燃料消耗量的方法。模拟计算法以发动机万有特性数据为基础,通过整车、变速器、驱动桥传动比、轮胎及滑行阻力曲线等关键参数来计算车辆在特定试验工况下对应的发动机运行状态,从而计算得到受检车辆的燃料消耗量。

2) 计算方法

模拟计算法中首先需要测定受检车辆发动机的性能,得到发动机的万有特性、外特性、反拖转矩、最高转速、额定转速、怠速转速及怠速燃料消耗量等参数。其次需要测量试验车辆的道路阻力曲线,得到车辆阻力与速度 $V$ 的二次关系式:

$$F = AV^2 + BV + C \tag{7-6}$$

式中:$F$——道路等速行驶阻力,N;

$A$——拟合公式二次项系数;

$B$——拟合公式一次项系数;

$C$——拟合公式常数项。

在此基础上,根据车辆的测试工况循环,将整车的行驶状态转换为对应的发动机运转状态。

发动机转速计算公式如下:

$$N_e(t) = \frac{1000}{120\pi} \times \frac{i_m \times i_f}{r} \times V(t) \tag{7-7}$$

式中:$N_e(t)$——发动机转速,r/min;

$i_m$——变速器传动比;

$i_f$——主减速比;

$r$——轮胎滚动半径,m;

$V(t)$——车速,km/h。

发动机转矩 $T_e(t)$ 计算方法如下。

当阻力 $F$ 大于 0 时:

$$T_e(t) = \frac{r}{\eta_m \times \eta_f \times i_m \times i_f} \times F \tag{7-8}$$

式中:$T_e(t)$——发动机转矩,N·m;

$\eta_m$——变速器传动效率;

$\eta_f$——主减速器传动效率。

当阻力 $F$ 小于 0 时:

$$T_e(t) = \frac{r \times \eta_m \times \eta_f}{i_m \times i_f} \times F \tag{7-9}$$

通过发动机的运行状态计算该状态下发动机的燃料消耗率,乘以发动机处于该状态的时间即可得到车辆该工况点下的燃料消耗量。最后,将所有的油耗累加即可得到整个测试循环的燃料消耗量。

3）主要特点

模拟计算法以发动机台架试验为基础，可以在计算机上模拟测定车辆在各种工况下的燃料消耗量，具有数据可靠、重复性好的优点，测试成本也比较低。但模拟计算法需要精确的发动机万有特性曲线，而且车辆的载荷、道路阻力设定对结果有很大的影响，需要测量的参数明显增加，试验过程更加复杂。而且模拟计算法中是用发动机稳态的数据来计算瞬态的过程，方法本身就存在一定的误差。因此，该方法测定的燃料消耗量主要作为参考应用。

## 7.2 纯电动道路运输车辆能源消耗量测试方法的确定

### 7.2.1 各行驶状态试验方法确定

对纯电动道路运输车辆能耗的检测，需要试验方法操作简单、便于掌控、重复性和再现性好，不仅如此，还要考虑作为法规检测应尽量降低试验成本。营运车辆主要是重型车辆，结合对道路试验法、底盘测功机法和模拟计算法三种测试方法的分析可知：底盘测功机法测量操作相对容易控制，重复性好，但对模拟工况的设定要求高，且设备昂贵。至于模拟计算法，则需要驱动电机相关数据，如果对每个车型的驱动电机参数进行逐一测量无疑大大增加了试验量及试验成本，因此也不适合。此外，考虑与JT/T 711、JT/T 719测试工况保持一致，本书采用道路试验法来测量纯电动道路运输车辆的等速能耗，并提出了基于等速百公里能耗加权平均值的能耗评价指标——综合能源消耗量。

1）等速工况

车辆满载，挡位置于前进挡，在各试验车速下保持平稳行驶至少100m后等速通过500m测试路段，测量车辆通过该路段的实际行驶距离、时间和能源消耗量。

纯电动道路货运车辆的试验车速选择为10km/h、20km/h、30km/h、40km/h、50km/h、60km/h。

每次试验的平均速度与规定试验速度之差不应超过1km/h。

试验过程中瞬时速度与规定试验速度之差不应超过2km/h。

每个试验车速应在测试路段上往返测量各两次。

试验结果应按照GB/T 12545.2的规定进行重复性检验。

2）加速工况

以起始速度10km/h全踩加速踏板加速到终速度60km/h作为车速测量区间。车辆满载,挡位置于前进挡。加速前,车速应控制在5~10km/h内保持匀速行驶至少5s,立即将加速踏板踩到底,同时开始测量,车速达到60km/h测量结束,记录加速能源消耗量、加速时间和距离、起始和终止速度等测量结果。

试验过程中起始速度和终速度与规定速度之差应分别在 -2~0km/h 和 0~2km/h 范围之内。

加速试验应在测试路段上往返测量各两次。

试验结果应按照 GB/T 12545.2 的规定进行重复性检验。

3）减速工况

车辆能量回收设置为标准回收模式,以起始速度60km/h减速到车辆速度为0作为车速的测量区间。车辆满载,挡位置于前进挡。减速前,车速应控制在55~60km/h内保持匀速行驶至少5s,抬起加速踏板,同时开始测量,车速达到50km/h后快速将制动踏板踩到底,至车辆速度为0后测量结束,记录减速能源消耗量、减速时间和距离、起始和终止速度等测量结果。

试验过程中起始速度和终速度与规定速度之差应分别在 -2~0km/h 和 0~2km/h 范围之内。

减速试验应在测试路段上往返测量各两次。

试验结果应按照 GB/T 12545.2 的规定进行重复性检验。

### 7.2.2 试验方法完善

本书基于 JT/T 711、JT/T 719 测试工况的研究思路,研究提出了针对纯电动道路运输车辆的试验方法,并按完善后的试验方法进行了重复性与再现性验证试验。

1）试验条件

(1) 试验道路。

试验道路应为平直道路,路面应清洁、干燥、平坦,用沥青或混凝土铺装;试验道路长度应大于500m;纵向坡度在0.1%以内。

(2) 气象条件。

环境温度、湿度与风速等外部气象条件对汽车能耗的影响也非常大。

根据本书第5.3节研究成果,温度对电动汽车经济性的影响并不是简单的比例关系。雨天会因路面潮湿使摩擦系数降低,造成轮胎易打滑而使电动汽车能耗量增加。风力增大造成的风阻增加也会使电动汽车能耗量增加。

因此,要求试验时为无雨无雾天气,相对湿度小于95%,气温0~40℃,风速不大于3m/s。

(3)试验仪器。

纯电动道路运输车辆进行道路能耗试验时,需要测量试验车的速度与单位时间内消耗的电量。车辆里程表虽然能够指示行驶速度,但由于受到轮胎滚动半径变化、机械传动系统磨损、指示仪表本身精度不高等因素的影响,使其显示精度不能满足试验要求。因此,需要用专门仪器(车速测量仪)测量汽车行驶过程的车速。单位时间内消耗的电量可以通过电耗仪来测得。

试验时试验仪器的精度要求如下。

车速测量仪器:精度为0.5%;

电耗仪:精度为0.5%;

计时器:最小分度值为0.1s。

2)试验车辆准备

(1)试验车辆基本要求。

试验车辆清洁、装备完整、轮胎气压、润滑油(脂)、制动液等符合GB/T 12534及车辆制造厂的规定。

(2)轮胎。

轮胎结构对滚动阻力影响很大,汽车用于克服滚动阻力的能耗约占14.4%。不同轮胎的滚动阻力不同,在斜交胎、带束斜交胎、子午线轮胎三种基本形式的轮胎中,以子午线轮胎滚动阻力最小,子午线轮胎较斜交胎可节油4%~10%。同时,轮胎气压对油耗也有影响,轮胎气压较低时滚动阻力较大,轮胎气压偏低可能导致车辆实测油耗与理论油耗存在差异。

鉴于纯电动道路运输车辆可以选装不同形式的轮胎,试验条件对轮胎的要求是:当车辆可选装斜交轮胎及子午线轮胎时,应装用斜交轮胎进行试验;当车辆可选装不同直径轮胎时,应装用直径小的轮胎进行试验;当车辆在同一轮胎直径下可选装不同宽度轮胎时,应装用宽度大的轮胎进行试验。对于重复性和再现性检验试验只需要全部试验过程不更换轮胎即可。

(3)试验车辆配载。

试验是在满载状态下进行。汽车满载时,车辆的轴荷应符合要求。

3)试验操作的控制

(1)空调设置。

空调对纯电动汽车能量消耗量有明显影响。能量消耗量试验均要求在空调关闭的状态下进行,而实际行驶状态下把空调置于最大挡比关闭空调时能耗增加 20%~30%。

因此,试验时关闭车窗、驾驶室通风口及空调,只允许为驱动车辆所需的设备工作。

(2)挡位设置。

车辆应置于前进挡,在各试验车速下,保持车辆平稳行驶至少 100m 后,等速通过 500m 的试验道路,测量车辆通过该路段的时间和能量消耗量。

(3)试验速度的控制。

纯电动物流车试验车速分别为:10km/h、20km/h、30km/h、40km/h、50km/h、60km/h。

纯电动客车试验车速分别为:10km/h、20km/h、30km/h、40km/h、50km/h、60km/h。

在试验中,每个试验车速应在测试路段上往返测量各两次,每次试验的平均速度与规定试验速度之差不得超过 2km/h。

4)等速工况能量消耗量校正

取按等速工况试验方法进行的同一试验车速下能量消耗量测量结果的算术平均值,作为该车速的等速工况能量消耗量测定值。

5)加速工况能量消耗量校正

取按加速工况试验方法进行的加速燃料消耗量测量结果的算术平均值,作为加速工况燃料消耗量的测定值。

6)减速工况能量消耗量校正

取按减速工况试验方法进行的减速燃料消耗量测量结果的算术平均值,作为减速工况燃料消耗量的测定值。

7)温度校正系数

根据试验车辆等速、加速、怠速工况下的能量消耗量,进行温度校正。

试验数据的温度校正公式为:

$$Q_0 = \frac{\overline{Q}}{C_1} \tag{7-10}$$

式中:$Q_0$——校正后的能量消耗量,kW·h/100km;

$\overline{Q}$——实测的能量消耗量的平均值,kW·h/100km;

$C_1$——环境温度校正系数,数值见表 7-1。

**各温度区间能源消耗量修正系数**　　　　　　　表 7-1

| 温度($T$)区间 | 修正系数 |
|---|---|
| $T \leq 5℃$ | 1.74 |
| $5℃ < T \leq 15℃$ | 1.24 |
| $15℃ < T \leq 25℃$ | 1.05 |
| $25℃ < T \leq 30℃$ | 1 |
| $T > 30℃$ | 1.15 |

8）车辆核查

为了保证试验的严肃性，本书所述试验方法增加了试验前要进行车辆信息核查的相关要求。核查项目见表 7-2 和表 7-3，记录试验样车的生产厂名、牌号、型号、动力蓄电池型号、底盘号、各主要总成号和出厂日期等，其外廓尺寸应符合 GB 1589 的规定。

**纯电动客车核查项目**　　　　　　　表 7-2

| 客车生产企业 | | | |
|---|---|---|---|
| 产品名称 | | 商标 | |
| 产品型号 | | 公告批次 | |
| 车辆识别代号（VIN） | | 出厂日期 | |
| 底盘 ID 号 | | 动力蓄电池型号 | |
| 底盘型号 | | 动力蓄电池系统能量密度 | |
| 底盘生产企业 | | 动力蓄电池生产生产企业 | |
| 轮胎规格 | | 前/后轮胎数 | |
| 悬架类型 | | 驱动电机类型 | |
| 充电类型 | | 驱动电机总功率（kW） | |
| 轴数 | | 钢板弹簧片数（前/后） | |
| 外形尺寸（mm） | 长 | 载客人数（人） | |
| | 宽 | 总质量（kg） | |
| | 高 | 整备质量（kg） | |
| 满载轴荷（kg） | | 满载最高车速（km/h） | |

纯电动货车核查项目 表7-3

| 货车生产企业 | | | | |
|---|---|---|---|---|
| 产品名称 | | | 商标 | |
| 产品型号 | | | 公告批次 | |
| 车辆识别代号(VIN) | | | 出厂日期 | |
| 底盘ID号 | | | 动力蓄电池型号 | |
| 底盘型号 | | | 动力蓄电池系统能量密度 | |
| 底盘生产企业 | | | 动力蓄电池生产企业 | |
| 轮胎规格 | | | 前/后轮胎数 | |
| 悬架型式 | | | 驱动电机型式 | |
| 充电类型 | | | 驱动电机总功率(kW) | |
| 轴数 | | | 钢板弹簧片数(前/后) | |
| 外形尺寸(mm) | 长 | | 总质量(kg) | |
| | 宽 | | 整备质量(kg) | |
| | 高 | | 额定载质量(kg) | |
| 货厢栏板内尺寸(mm) | 长 | | 驾驶室准乘人数 | |
| | 宽 | | 满载轴荷(kg) | |
| | 高 | | 满载最高车速(km/h) | |

## 7.2.3 综合能源消耗量计算方法

1) 等速工况能源消耗量的计算

试验车辆的等速能源消耗量 $Q_u$ 的计算公式如下：

$$Q_u = \frac{\sum_{i=1}^{n}(V_{ui} \times k_{ui} \times \overline{Q}_{ui})}{\sum_{i=1}^{n}(V_{ui} \times k_{ui})} \quad (7-11)$$

式中：$Q_u$——等速工况燃料消耗量，kW·h/100km；

$\overline{Q}_{ui}$——第 $i$ 个车速等速燃料消耗量算术平均值的校正值，kW·h/100km；

$k_{ui}$——第 $i$ 个车速下的等速权重系数，见表7-4；

$V_{ui}$——第 $i$ 个等速工况速度点，km/h；

$n$——等速工况速度点的个数。

2）加速工况能源消耗量的计算

试验车辆的加速能源消耗量 $Q_a$ 的计算公式如下：

$$Q_a = \overline{Q}_{as} \quad Q_{as} = 100 \times \frac{\sum_{j=1}^{m}\left(\frac{Q_{aj}}{S_{aj}}\right)}{m} \quad (7\text{-}12)$$

式中：$Q_a$——加速工况能量消耗量，kW·h/100km；

　　　$\overline{Q}_{as}$——$Q_{as}$的校正值，kW·h/100km；

　　　$Q_{as}$——加速能量消耗量的算术平均值，kW·h/100km；

　　　$Q_{aj}$——第 $j$ 次加速能量消耗量，W·h；

　　　$S_{aj}$——第 $j$ 次加速距离，m；

　　　$m$——测量次数。

3）减速工况能量回收率的计算

试验车辆的减速能量回收率 $Q_d$ 的计算公式如下：

$$Q_d = \overline{Q}_{ds}$$

$$Q_{ds} = 100 \times \frac{\sum_{j=1}^{m}\left(\frac{Q_{dj}}{S_{dj}}\right)}{m} \quad (7\text{-}13)$$

式中：$Q_d$——减速工况能量回收率，kW·h/100km；

　　　$\overline{Q}_{ds}$——$Q_{ds}$的校正值，kW·h/100km；

　　　$Q_{ds}$——减速能量回收率的算术平均值，kW·h/100km；

　　　$Q_{dj}$——第 $j$ 次减速能量回收量，Wh；

　　　$S_{dj}$——第 $j$ 次减速距离，m；

　　　$m$——测量次数。

4）综合能量消耗量的计算

试验车辆的综合能源消耗量 $Q$ 的计算公式如下：

$$Q = \frac{Q_u \times k_u + Q_a \times k_a + Q_d \times k_d}{k_u + k_a + k_d} \quad (7\text{-}14)$$

式中：　$Q$——综合能源消耗量，kW·h/100km；

　　　$k_u$、$k_a$、$k_d$——分别为等速工况、加速工况、减速工况能源消耗量时间权重系数。

5）权重系数

纯电动道路运输车辆能源消耗量计算过程中等速工况、加速工况、减速工况的权重系数至关重要，直接关系到测量结果与纯电动道路运输车辆实际运行能耗的一致程度。为此,本书对收集到的纯电动道路运输车辆全球定位系统(GPS)数据进行了深入分析,以 $v-5{\rm km/h}<v\leqslant v+5{\rm km/h}$ 区间的采样点当作 $v$,将连续的速度-时间曲线变成以 10km/h 为间隔的不连续速度(各等速)-时间线段,再以删除各类车型边界车速后的时间长度为 100%,计算各等速下的车辆运行时间占比,并以此作为权重系数。纯电动客车、纯电动货车满载综合能源消耗量时间权重系数分别见表 7-4、表 7-5。

纯电动客车满载综合能源消耗量时间权重系数　　　表 7-4

| 工况 | 等速工况 | | | | | | 加速工况 | 减速工况 |
|---|---|---|---|---|---|---|---|---|
| 权重系数 | 等速权重系数($k_{ui}$) | | | | | | 工况权重系数 ($k_u$) | 工况权重系数 ($k_a$) | 工况权重系数 ($k_l$) |
| 车速(km/h) | 10 | 20 | 30 | 40 | 50 | 60 | | | |
| 纯电动客车 | 0.12 | 0.07 | 0.06 | 0.05 | 0.04 | 0.03 | 0.37 | 0.27 | 0.36 |

纯电动货车满载综合能源消耗量时间权重系数　　　表 7-5

| 工况 | 等速工况 | | | | | | 加速工况 | 减速工况 |
|---|---|---|---|---|---|---|---|---|
| 权重系数 | 等速权重系数($k_{ui}$) | | | | | | 工况权重系数 ($k_u$) | 工况权重系数 ($k_a$) | 工况权重系数 ($k_l$) |
| 车速(km/h) | 10 | 20 | 30 | 40 | 50 | 60 | | | |
| 纯电动货车 | 0.08 | 0.08 | 0.04 | 0.04 | 0.02 | 0.03 | 0.29 | 0.32 | 0.39 |

综合以上分析研究,形成了较为完善的纯电动道路运输车辆能源消耗量测量方法,并形成了《纯电动公交车能源消耗量测量方法》和《纯电动物流车能源消耗量测量方法》两项标准草案。

## 7.3　本章小结

本章主要针对纯电动道路运输车辆能源消耗量的测试方法开展研究,分析了当前常用的道路试验法、转鼓试验法和模拟计算法三种汽车燃料消耗量测试方法的特点及优劣点,明确采用道路试验法开展测试。依据第 6 章提出的纯电动道路运输车辆各行驶状态占比,确定了各行驶状态的试验方法,以及试验条件、试验车辆准备及试验车辆配载等相关要求,最终依据行驶状态占比确定了权重,形成了综合能源消耗量的计算方法,建立了较为完善的纯电动道路运输车辆能源消耗量测试方法。

# 第8章 总结及展望

本书针对当前营运纯电动道路运输车辆技术发展水平及整体应用现状开展分析调研,并基于当前国内外车辆燃料消耗量测量方法研究现状,开展纯电动道路运输车辆能源消耗量测量方法的相关研究;利用车辆运行大数据,研究提出符合实际的纯电动道路运输车辆能源消耗量测量方法,并以 kW·h/100km 为指标,分析总结该评价指标的关键影响因素,提出相应的能源消耗量修正系数;最终形成科学合理的纯电动道路运输车辆能源消耗量测量方法,保障道路运输企业能够通过便捷的检测方法准确了解车辆能源消耗,进一步推动营运电动汽车节能降耗及技术进步,促进行业绿色低碳发展。

## 8.1 开展的主要工作

本书通过研究,完成的具体工作如下:

(1)深入调研了纯电动汽车的技术现状与应用现状,对纯电动汽车关键技术进行了分析研究,梳理了国内外车辆能耗测量方法的现状,分析应用情况及总结存在问题。

(2)围绕纯电动道路运输车辆运行特征开展研究,通过企业级的新能源汽车监控管理平台与地方级的深圳市新能源汽车运行数据监测平台,获取车辆运行数据,重点针对纯电动公交车与纯电动物流车开展运行数据特征分析与提取工作,总结纯电动道路运输车辆运行特征。

(3)围绕纯电动道路运输车辆运行工况开展研究,总结分析当前国家标准规定的能源消耗量测量方法与实际行驶工况的差距,从工况类型的选择、特征参数的确定、各特征参数的深入分析及不同运行状态的占比情况等多个维度,建立了新的纯电动道路运输车辆测试循环工况。

(4)在确定循环工况基础上,针对纯电动道路运输车辆能源消耗量影响因素开展理论分析,并从速度、温度两个方面,利用现有数据进一步统计计算了速度-能耗和温度-能耗的分布情况,利用累积概率密度计算,确立了不同区间相应的修正系数。

（5）围绕纯电动道路运输车辆能源消耗量的测量方法开展研究，从标准规范的角度，系统规定了能源消耗量测试相关的试验方法、试验条件、环境要求、计算方法等。

## 8.2　主要创新点

本书的主要创新点如下：

（1）提出符合应用实际的纯电动道路运输车辆运行工况。

基于纯电动道路运输车辆运行监控平台获取的数据，利用大数据分析、曲线回归拟合、累积概率密度分析，针对纯电动公交车和纯电动物流车两类车辆，从速度、加速度、行驶状态三个特征参数入手，开展深入研究，提出了符合应用实际的纯电动道路运输车辆的速度分布情况、加速度分布情况及加速、减速、怠速、10～60km/h各等速的占比情况，形成了科学的纯电动道路运输车辆运行工况。

（2）提出纯电动道路运输车辆能源消耗量的温度及速度修正系数。

通过电动汽车的动力学平衡方程，分析了车辆能源消耗量的影响因素，并基于对纯电动道路运输车辆运行数据的进一步统计分析，获取了纯电动道路运输车辆速度-能耗和温度-能耗的分布数据。综合分析数据分布情况，科学划分了速度和温度的划分区间，并利用回归分析和累积概率密度函数进行拟合，计算得出了各区间的影响修正系数。

（3）提出了科学完善的纯电动道路运输车辆能源消耗量测量方法。

根据相关研究成果，采用与交通运输行业标准 JT/T 711—2016 和 JT/T 719—2016 相同的思路，研究形成了较为科学完善的纯电动道路运输车辆能源消耗量测量方法，并编制了《纯电动道路客运车辆能源消耗量测量方法》和《纯电动道路货运车辆能源消耗量测量方法》两项标准草案。

# 参 考 文 献

[1] 何晓群. 多元统计分析[M]. 北京:中国人民大学出版社,2004,3.
[2] 顾建国. 节能减排应制定公共汽车燃料消耗量限值国家标准[J]. 人民公交, 2010,1:61.
[3] MILLO F,CUBITO C,ROLANDO L,et al. Design and development of a hybrid light commercial vehicle [J]. Energy,2017,136(10):90-99.
[4] AMIRJAMSHIDI G,ROORDA M J. Development of simulated driving cycles for light, medium, and heavy duty trucks: Case of the Toronto Waterfront Area [J]. Transportation Research Part D,2015,34(1):255-266.
[5] 余柳燕. 汽车燃料经济性试验方法与评价体系[D]. 武汉:武汉理工大学,2008.
[6] FOTOUHI A,MONTAZERI-GH M. Tehran driving cycle development using the K-means clustering method [J]. Scientia Iranica,2013,20(2):286-293.
[7] 张富兴. 城市车辆行驶工况的研究[D]. 武汉:武汉理工大学,2005.
[8] 吴其伟. 基于公共汽车循环工况的动力系统匹配研究[D]. 武汉:武汉理工大学,2007.
[9] 张锐. 城市道路汽车行驶工况的构建与研究[D]. 合肥:合肥工业大学,2009.
[10] 罗水平. 我国汽车燃料经济性标准体系情况介绍[J]. 海峡科学,2010,12:7-8.
[11] LIU Z,IVANCO A,FILIPI Z. Naturalistic drive cycle synthesis for pickup trucks [J]. Journal of Safety Research,2015;54:109. 29-115.
[12] 李建,温立志. 汽车测试工况研究[J]. 天津工程师范学院学报,2009,10(1):40-43.
[13] 马志雄. 典型城市公共汽车行驶工况的开发及研究[D] 武汉:武汉理工大学,2007.
[14] YUAN X M,ZAHNG C P,HONG G K,et al. Method for evaluating the real-world driving energy consumptions of electric vehicles [J]. Energy, 2017, 141: 1955-1968.

[15] Yi Z G, BAUER P H. Effects of environmental factors on electric vehicle energy consumption:a sensitivity analysis [J]. IET Electrical Systems in Transportation, 2017,7(1):3-13.

[16] LI J, ZHAO Z, SHEN P, et al. Research on methods of K-means clustering and recognition for driving style[J]. Automobile Technology,2018(12):8-12.

[17] 中华人民共和国交通运输部. 轻型汽车燃料消耗量试验方法:GB/T 19233—2020 [S]. 北京:中国标准出版社,2020.

[18] 中华人民共和国交通运输部. 营运客车燃料消耗量限值及测量方法:JT/T 711—2016[S]. 北京:人民交通出版社股份有限公司,2016.

[19] 中华人民共和国交通运输部. 营运货车燃料消耗量限值及测量方法:JT/T 719—2008 [S]. 北京:人民交通出版社,2008.

[20] 陈龙飞,王建昕,肖建华,等. 北京市高峰期与非高峰期汽车行驶工况研究[J]. 公路交通科技,2011,1:176-179.

[21] LIU K, WANG J B, YAMAMOTO T, et al. Exploring the interactive effects of ambient temperature and vehicle auxiliary loads on electric vehicle energy consumption[J]. Applied Energy ,2018,227:324-331.

[22] 杨延相,蔡晓林,杜青,等. 天津市道路汽车行驶工况的研究[J]. 汽车工程,2002,24(3):200-204.

[23] 刘希玲,丁焰. 我国城市汽车行驶工况调查研究[J]. 环境科学研究,2000,13(1):23-27.

[24] 张开斌,阮廷勇. 中国六城市汽车行驶工况的测试统计分析[J]. 汽车研究与设计,2005 12:20-24.

[25] 王矗,韩秀坤,葛蕴珊,等. 北京市公共汽车典型行驶工况的构建[J]. 汽车工程,2010,32(8):703-706.

[26] 杜爱明,步曦,陈礼,等. 上海市公共汽车行驶工况的调查和研究[J]. 同济大学学报(自然科学版),2006,34(7):943-946.

[27] 朱西产,李孟良,马志雄,等. 车辆行驶工况开发方法[J]. 江苏大学学报(自然科学版),2005,26(2):110-113.

[28] 王延伟. 城市公共汽车驾驶节能技术的研究[D]. 西安:长安大学,2010.

[29] 欧阳雪. 西安市公共汽车排放特点及控制措施研究[D]. 西安:长安大学,2010.

[30] 张全,靳文舟. 大城市公共汽车行驶工况研究中的实验路线选择[J]. 华南理工大学学报(自然科学版). 2005,33(4):59-62.

[31] 马志雄,李孟良,朱西产,等.公共汽车行驶工况开发过程中试验线路的提取研究[J].武汉理工大学学报(交通科学与工程版),2004,28(4):515-517.

[32] 朱俊虎,石琴,周洁瑜.城市公共汽车行驶工况的构建[J].交通科技与经济,2011,3:108-112.

[33] 李孟良,李洧,方茂东,等.道路车辆实际行驶工况解析方法研究[J].武汉理工大学学报(交通科学与工程版),2003,27(1):69-72.

[34] 夏怡凡.SPSS统计分析精要与实例详解[M].北京:电子工业出版社,2010.

[35] 陈焕江.汽车检测与诊断[M].北京:机械工业出版社,2001.

[36] 秦洪武.机动车燃油消耗及污染物排放快速检测仪的研制[D].镇江:江苏大学,2009.